DU MÊME AUTEUR

La foi à l'heure de l'Internet. Le temps des témoins, Montréal, Fides, 2001

L'instant divin, Montréal, Bellarmin, 1999

La morale entre héritage et nouveauté, Montréal, Médiaspaul, 1998

Devant la création, Montréal, Fides, 1997

ENTRE SILENCE ET PAROLE, LA FOI

© 2002 Paulines
5610, rue Beaubien Est
Montréal (Québec) H1T 1X5

ISBN : 2-920912-42-9

Couverture : *Diane Lanteigne*
En couverture : Détail de la mosaïque réalisée par Marko Ivan Rupnik, SJ.
Photographies : Aurelio et Francesca Amendola. Tiré du livre *La Chapelle
"Redemptoris Mater" du Pape Jean-Paul II*, Fates, 2000.

À l'exception de Lc 24, 13-32 et 1 Co 15, 35.42-44, les textes bibliques sont
tirés de *La Bible TOB*.
© Société biblique française et Éditions du Cerf, Paris 1988.
Avec l'autorisation de la Société biblique canadienne.

Bibliothèque nationale du Québec
Bibliothèque nationale du Canada
Dépôt légal – 2002

ANDRÉ BEAUCHAMP

Entre silence et parole, la foi

Paulines

Introduction

Il est difficile de parler des choses intimes. Les nommer n'est-ce pas aussi les détruire ? Mais ne pas les nommer, c'est rester dans le vague, dans l'indifférencié. Il arrive souvent en science que l'observateur interfère avec l'objet qu'il étudie. Ce qu'il observe n'est plus alors tout à fait la réalité dite objective, mais une réalité déjà modifiée par l'observation.

Il en va ainsi de la foi. Ne pas la dire, c'est l'oublier. La dire c'est un peu la perdre, c'est beaucoup la trahir. La dire, c'est parfois se mentir à soi-même ou aux autres. Parce qu'on veut embellir, ou dramatiser, ou taire ses doutes. Ou simplement par gaucherie, les mots chosifiant et pétrifiant l'expérience.

Poursuivre sa route… au risque de la foi.

1 Le chemin toujours neuf de la foi

Au départ du présent livre, je voulais commenter le Credo. Dire la foi en mots d'aujourd'hui. À la réflexion, la chose m'a semblé moins opportune. Après tant d'autres plus savants, plus compétents que moi, pourquoi à mon tour essayer de répéter le Credo ? Et, de fil en aiguille, redire gauchement les mêmes formules de toujours ? Ou, plus audacieusement, contredire les formules pour amorcer un débat et forcer l'institution à montrer les dents ? Pour diverses raisons, je ne suis pas devenu théologien de métier. Je suis plutôt un vulgarisateur et un prospecteur des questions nouvelles, ayant consacré plus de vingt ans de ma vie à l'environnement et plus de temps encore au dialogue entre la foi et la culture, à la tension entre les réalités terrestres et l'expérience spirituelle.

J'ai donc abandonné le projet de commenter le Credo, une tâche colossale qui demande une connaissance approfondie de l'histoire et un long cheminement dans les querelles anciennes pour découvrir le fil d'Ariane qui mène à aujourd'hui.

À vrai dire, ce qui m'embête dans tout cela, ce n'est pas le défi en soi. À la longue, avec certains moyens, du temps et du travail, on peut y parvenir. C'est l'absurdité d'écrire cinquante pages de discussion serrée sur un point pour finalement proposer, par exemple, une compréhension moderne de l'expression « assis à la droite du Père » à tout prendre éclairante, mais dont la formulation en elle-même restera spontanément vide de sens pour aujourd'hui. Pourquoi faudrait-il qu'un croyant d'aujourd'hui soit un archéologue du sens ? Est-ce que la durée rend plus difficile aujourd'hui l'acte de croire ? Est-ce que l'accumulation historique du christianisme crée peu à peu un écran, un polder d'histoire et de doctrine qui nous coupe finalement des sources vives de l'Évangile ? Alors, le temps lui-même créerait une distance ? Et il deviendrait de plus en plus lourd et de plus en plus difficile de croire ? Vieillissement des institutions et tarissement de la source ?

Au 1ᵉʳ siècle, il aurait suffi pour être reconnu chrétien de dire Jésus est Seigneur et d'entrer dans la prière de la communauté. Au 4ᵉ siècle, il fallait déjà dire un Credo et affirmer l'Église une, sainte, catholique et apostolique. Mais au 19ᵉ siècle, il fallait dire cette même Église infaillible. Plus ça va, plus il y en a. Plus il y en a, plus on alourdit le poids historique des choses. Plus aussi on filtre l'expérience spirituelle, l'intuition première. Et on n'en retranche jamais rien ! Finalement, plus il y en a, moins on comprend.

On retrouve dans la foi confessée de l'Église le paradoxe de la jeunesse et de l'expérience. Si jeunesse savait, dit le proverbe, si vieillesse pouvait. La jeunesse est plus crédule, plus enthousiaste, plus naïve, plus prête à risquer, plus avide de s'accrocher à quelque chose de fort. Plus on vieillit, plus on sait. Mais plus on sait, moins on « croit ». Peut-être voudrait-on simplifier les choses. En tout cas, on devient extrêmement sceptique par rapport aux expériences de sa propre jeunesse, voire de toute jeunesse. Quand nous voyons des jeunes partir en orbite pour une cause, un amour, une mode, nous nous demandons s'ils ont vraiment analysé la situation, ou nous rions en sourdine en attendant qu'ils déchantent.

Notre expérience passée nous pèse et nous rend incapables d'oser quelque chose de neuf. Sur le plan institutionnel, pourrait-on dire, plus la foi s'est accumulée, plus elle risque d'empêcher de croire. Plus elle fige les formules, encadre *a priori* le vécu, plus elle contraint l'expérience. C'est ici que se situe le présent livre, à la rupture entre le vécu et le confessé, entre l'expérience originaire et la formulation ampoulée et figée par des siècles d'histoire.

Le présent livre n'est donc pas un livre savant et technique sur le Credo.

Très modestement, il se veut un itinéraire dans la foi pour traduire une pulsion, un désir, une expérience qui assume l'essentiel de l'héritage et en balance joyeusement le fatras. Le mot fatras est trop dur. Peut-être faudrait-il dire plus simplement : encombrement. J'ai emménagé dans ma maison en 1980 et j'y habite à plein temps depuis 1987. Il me semble qu'à cette époque elle me paraissait assez grande. Je la trouve trop petite maintenant. Les livres et les revues s'accumulent

11

en tas partout. Les garde-robes font défaut. J'ai reçu tant de cadeaux depuis 20 ans qu'il me manque des murs pour tout accrocher. Je sais bien qu'il y a plein de « bébelles » inutiles et qu'il me faudrait trier. Mais quoi garder ? Cette icône byzantine si lumineuse, ou cette reproduction de la cathédrale de Rodin, ou cette statue de François d'Assise ?

Dans la foi, nous n'osons pas faire le ménage. En tout cas, l'Église n'ose pas le faire. *Le catéchisme de l'Église catholique* très officiellement élaboré par Rome en 1993 fait 581 pages dans l'édition canadienne, en 2865 paragraphes. Bref, nous pratiquons volontiers l'addition, mais peu la soustraction. L'adage de Boileau : « Ajoutez quelquefois, et souvent effacez » n'est pas de mise.

Il est permis de penser que l'accumulation des contenus de la foi est un risque pour la foi. Ou plus précisément, il est permis de penser qu'un certain tri s'opère au fond de la conscience, entre l'essentiel et l'accessoire, entre les limbes, les indulgences et le feu de l'enfer.

Dans la foi, chaque croyant, chaque croyante garde au fond de son cœur un quant-à-soi énorme. L'Église censure, vérifie, contrôle. Elle scrute toutes les formules et poursuit sans relâche les traces de la déviance. Alors le quant-à-soi se cache, se tait.

Prenons la liturgie. Pendant des siècles, tout a été en latin, dans des formules figées et immuables. Quand le Concile Vatican II a permis l'accès aux langues vernaculaires et autorisé une certaine flexibilité, on a vu émerger une multitude d'innovations. Beaucoup de prêtres ont alors inventé des préfaces, des oraisons, des prières eucharistiques. Moi aussi, bien sûr ! Mais bien des formules étaient maladroites, osées, risquées, hésitantes, voire carrément hérétiques, en tout cas dignes d'être soupçonnées. Ce phénomène insolite révélait que même les prêtres n'étaient pas très rigoureux dans la formulation personnelle de leur propre foi. Mais cela laisse aussi entendre, implicitement, que le curé Granger de mon enfance avait son quant-à-soi qu'il ne pouvait dire. Et aussi l'abbé Vallée qui prenait un coup fort, et aussi l'abbé Brouillette si timide, et le curé Campeau de Saint-Canut qui mourut aveugle. Figés dans une discipline implacable, ces prêtres-là n'ont pas bougé. Ils ne se sont pas risqués à dire leurs doutes, leur peur, leur inconfort. Trente ans, cinquante ans plus tard, moi, je puis oser dire mon « quant-à-soi ». Combien de laïcs, autrefois, ont gardé au fond de leur cœur leurs nuances, leurs résistances, leurs questions, leur protestation morale ? Ces gens-là croyaient souvent et fermement en Jésus, Christ et Sauveur. Ils portaient parfois un peu de syncrétisme. Mais ils retenaient et cachaient certaines résistances – doctrinales, morales, symboliques – qui les eussent amenés, en ces temps de contrôle sévère, en conflit ouvert avec l'autorité. Alors par prudence, ils taisaient leurs questions et leurs réticences. L'essentiel de l'expérience l'emportait tellement sur ces petits inconvénients. Pourtant, ces nuances, n'eût-il pas été souhaitable de les dire ouvertement ? Peut-être tant de nos enfants rebelles y auraient-ils trouvé le filon évangélique qu'ils cherchent et que l'austère doctrine n'a point gardé.

La foi est un chemin incertain. Non pas la foi prise en elle-même, puisque croire c'est tenir pour vrai, c'est acquérir une certitude, c'est adhérer et donc briser le cercle du doute. Mais après avoir donné son assentiment, il reste encore bien des fils pendants, mal reliés, aux connections plus ou moins précises. D'abord, on ne sait jamais si on a vraiment la foi. On a la foi d'avoir la foi. Si on était certain d'avoir la foi, la foi se résumerait à une simple connaissance et cesserait alors d'être elle-même, c'est-à-dire un abandon de soi dans la main d'autrui. On peut penser avoir la foi et ne pas l'avoir, ou l'inverse. J'ai connu des prêtres, très pieux, très appliqués, qui ont tout à coup compris qu'ils n'avaient pas la foi. La maturité venant, ils ont pu faire tomber le masque qui les coupait de leur propre vérité profonde. Drame terrible. J'ai connu aussi à l'inverse pas mal de gens se disant athées ou indifférents dont le paysage intérieur révélait pourtant une présence.

Cette pensée est dangereuse et menaçante, je le sais, car elle laisse soupçonner une vérité intérieure des êtres qui transcende leur position extérieure et qui risque alors de rendre les repères inaccessibles. Si les croyants sont incroyants et les incroyants croyants, comment alors s'y retrouver ? Cette confusion des genres rend la vie complexe, c'est bien connu. Si j'ai simplement la foi d'avoir la foi, il me faut y aller avec une certaine discrétion dans l'étalage de mes certitudes spirituelles. On ne parle pas de sa foi comme de son auto, ou de sa maison, ou de tout bien qu'on possède. On en parle peut-être comme de son amour, en tremblant un peu. Lors du procès de Jeanne d'Arc, qui disait avoir entendu des voix, mais qu'on estimait être ignorante et fruste, ses examinateurs, hommes bien sûr, ecclésiastiques d'un certain rang, lui ont posé une question tordue : « Êtes-vous en état de grâce ? » Si Jeanne répondait non, elle était perdue puisqu'elle admettait son appartenance au monde de Satan. Si elle répondait oui, elle montrait une prétention sans borne et courait à la condamnation. Jeanne répondit simplement : « Si je n'y suis

14

pas, Dieu m'y mette ; si j'y suis, Dieu m'y garde. » Génial ! On ne possède jamais Dieu. On s'y abandonne… en prenant le risque de se tromper. On a la foi d'avoir la foi, mais jamais la certitude d'avoir la foi. La foi ne peut se résorber dans la connaissance. Elle se perçoit dans un excès de confiance. C'est là une des différences entre la foi en Dieu, qui demeure irrémédiablement un Autre, et certaines tendances actuelles du Nouvel-Âge principalement axées sur la découverte et la connaissance de soi.

La sécurité et la certitude de la foi reposent sur une sortie de soi-même, sur une décentration de soi vers Dieu, même si, comme le rappelle Augustin, cet Autre est plus intérieur et plus présent à moi que je ne le suis à moi-même. C'est pourquoi le registre préféré de la prière chrétienne est le dialogue Je-Tu, alors que les techniques de méditation sont principalement des techniques d'introspection et de perception des différents champs de l'existence corporelle.

Obscure à elle-même et dépossédée de sa propre vérification puisqu'elle est constituée par une sortie de soi, la foi est également difficile à contenir dans les mots qui l'expriment. La foi, comme l'amour, a besoin de mots pour se dire. Qui n'a pas de mots pour penser ne pense pas. Les mots ne sont pourtant pas magiques en eux-mêmes. Ils donnent à la pensée la chair pour s'incarner et prendre forme. Il n'y a pas de pensée pure, d'intuition pure, mais au contraire une multitude d'expressions pour dire et redire la pensée profonde. Nous atteignons ici un paradoxe bien connu. Car s'il lui faut des mots pour se dire, à trop se dire la pensée se dissout. Chaque expression nouvelle révèle et cache à la fois la pensée qu'elle exprime. Elle lui donne d'exister. Mais en même temps elle ajoute le poids de sa propre formulation. Elle instaure une distance entre l'intuition indicible et la masse de communication générée pour s'exprimer.

Cette expérience est courante dans l'amour, où finalement les partenaires doivent se taire pour se comprendre. « Tais-toi, tu parles trop. » Dans les réunions publiques, il faut de temps en temps s'arrêter, faire le point, résumer, marquer les points d'accord. Boileau disait : « Ce que l'on conçoit bien s'énonce clairement et les mots pour le dire arrivent aisément. » Il n'avait que partiellement raison. Pour sortir de l'informulé et de la confusion, il faut le dire avec des mots, les moins obscurs possible. Mais à trop le dire, on finit par perdre le fil de sa pensée. Et à vouloir le dire trop clairement, on banalise la pensée. C'est pourquoi d'ailleurs la poésie et l'expression symbolique sont si importantes. Moins claires, mais plus riches et porteuses de plusieurs champs d'évocation, ces dernières conservent mieux l'épaisseur du mystère.

Dans la foi, cette profondeur du langage est constante et nécessaire. La foi, comme toute pensée et toute expérience, a besoin de formules pour se dire et pour prendre corps. Mais elle transcende constamment les formules qu'elle utilise. La foi n'est jamais fixée, formulée, comme si, grâce aux conciles et aux théologiens, elle avait trouvé sa formule définitive, son expression indépassable. Ce serait alors une foi morte, une foi-musée. La foi n'est foi que dans le risque de se perdre. Les gardiens de la foi risquent de devenir les fossoyeurs de la foi s'ils prennent leur rôle trop au sérieux, surtout à une époque comme la nôtre où tant de nouvelles questions surgissent de partout.

Dans sa monumentale histoire de la ville, Lewis Mumford rappelle que, dans la cité antique, il y a des gardiens qui veillent du haut des remparts pour défendre la ville contre les attaques du dehors. Mais leur surveillance ne s'arrête pas là. Ils guettent aussi les gens de la ville pour les empêcher de partir. Et c'est ainsi qu'une structure de protection risque de se changer en prison. Ambiguïté constante de toutes choses, de l'amour qui se change en haine, du désir qui devient tyrannie, de la révolution qui devient ordre établi. Il faut toujours reprendre à neuf le chemin de la foi. Et c'est le devoir des croyants et des croyantes de le faire même au risque de déplaire aux gardiens.

2 *Des questions et des récits*

Dieu est partout, on le sait,
mais moi, je suis ailleurs.

Pour un petit garçon, la relation au père est toujours particulière. Mon père fut pour moi un homme étrange, fascinant. Parmi mes bons souvenirs d'enfance, disons entre 1942 et 1946, il y a d'innombrables heures de conversation avec lui. Professeur d'école primaire (il a enseigné la cinquième année pendant plus de 20 ans), il arrivait à la maison vers seize heures trente. S'il ne lui en restait pas à la maison, il passait chez l'épicier s'acheter quelques bières (toujours de grosses bouteilles, car ni la petite bouteille de bière ni la cannette n'existaient encore), de préférence de la Molson, qu'il enfouissait dans les poches profondes d'un immense manteau qu'on appelait un ours. Arrivé à la maison, il allumait d'abord le poêle de la cuisine pour que maman puisse préparer le souper. Puis il descendait dans la cave. Nous possédions une immense cave occupant tout le sous-sol et qui servait de garage à un laitier. Mon père y garait son auto, une Ford 1937 qu'il ne sortait jamais l'hiver, mais qui, le reste de l'année, remplissait vaillamment les fonctions de véhicule tout usage. Papa ouvrait la portière avant de l'auto, du côté du passager. Il laissait la portière ouverte, s'asseyait de travers, les pieds croisés, le visage tourné vers le mur.

Il ouvrait sa première bière, avec un marteau, une bûche de bois ou n'importe quel objet de métal et buvait sa bière en jonglant et en fumant la pipe dans le calme du soir. Il restait de préférence dans l'obscurité, avec parfois une lumière allumée au-dessus du carré à charbon. Je m'approchais et commençais mon interrogatoire.

À propos de tout, je demandais à mon père pourquoi. « Pourquoi il y a de la neige ? Pourquoi il fait froid ? Pourquoi il faut mettre du charbon dans la fournaise ? Pourquoi il faut ouvrir la trappe d'en bas et fermer celle d'en haut quand on allume la fournaise, et le contraire quand le charbon est bien pris ? Pourquoi il faut sasser les cendres ? » C'était une kyrielle inépuisable de pourquoi. Inlassablement, mon père répondait. En fait, les réponses importaient peu car, pour l'enfant, l'essentiel consiste à toujours formuler une nouvelle question. Et mon père répondait. De temps en temps, ma mère disait : « Comment fais-tu, Alphonse, pour toujours lui répondre ?

– Gabrielle, c'est important de répondre aux questions des enfants. »

J'avais très peur de mon père. J'avoue l'avoir énormément détesté à certaines étapes de ma vie. Mais je lui garderai une reconnaissance perpétuelle pour ces conversations sans début et sans fin sur toutes les choses de la vie, de la neige qui tombe, du bois que l'on fend et qui brûle, du charbon et de la cendre, de l'école, des autos, des hommes qui sont forts et courageux, de ses études à lui, de sa jeunesse, de ses amis d'autrefois, y compris « le rouge Caouette » (il était roux), du grand Auger, ou de cet autre qui, conscrit en 1917, avait évité d'aller au front en feignant l'incontinence d'urine. La roublardise n'est pas de ce siècle !

Et ainsi de suite. Mon père m'a raconté sa jeunesse, l'histoire du quartier Villeray, des villages de Sainte-Rose et de Saint-Eustache où il passait ses vacances, etc. Impossible de distinguer le vrai du faux. Habile conteur et hâbleur, mon père en rajoutait et en inventait joyeusement. Je pense qu'il brodait sur des histoires vraies, en y ajoutant parfois des légendes et des contes qui persistaient dans la tradition. Mes questions lui servaient de tremplin pour qu'il raconte des histoires. Vraies ou fausses, ses histoires avaient du sens, faisaient du sens comme on dit, et relançaient de ma part une autre série de pourquoi.

Poser des questions

Quand je pense à ces moments heureux de mon enfance, je me dis que la foi est, de la même façon, faite de deux choses : de questions et de récits. Ce qu'un enfant de cinq ans vit d'abord en questionnant son père, ce n'est pas les questions qu'il pose ni le long cheminement des réponses, mais c'est plutôt d'être avec son père, d'être important à ses yeux. Et la mise en récit que la réponse occasionne prolonge le charme de ces jeux de l'esprit. C'est comme une arabesque sur un tapis, que l'œil poursuit inlassablement en se demandant où cela commence, où cela finit, et même s'il y a un commencement et une fin. Pourquoi voulons-nous toujours que la foi soit une réponse intellectuelle rigoureuse et précise à une question ? Pourquoi ne serait-elle pas une question ouverte, jamais close, toujours reprise, une question que l'on se pose matin et soir, à l'adolescence, à l'âge mûr, quand viennent le malheur et le bonheur, quand un enfant naît, quand des millions d'hommes et de femmes sont exécutés dans des fours crématoires, quand un avion s'abîme en mer, quand les riches deviennent immensément riches, quand la tremblante du mouton se transmet aux vaches et, de là, affecte les humains ? La vie est une suite ininterrompue de questions, questions sans réponse, questions ouvertes, questions qui soulèvent d'autres questions, comme des portes qu'on ouvre et qui mènent à des salles immenses dont les murs ont des portes qui s'ouvrent sur d'autres salles...

Je me méfie des *preachers* qui proclament sans cesse que Jésus est la réponse. Mais quelle était la question ? Ils cherchent à délimiter l'espace des questions et des réponses. Les questions de la vie sont toujours les mêmes. C'est Chloé qui voit son grand-père mort et qui se demande ce qui lui est arrivé. Où est-il ? Entend-il ? Est-ce ainsi que la vie finit ? Est-ce vrai que cela arrivera aussi à mes parents ? Et à moi aussi ? Pourquoi ? Pour qui ? C'est Philippe qui découvre son alcoolisme. C'est Martine que son mari a larguée avec deux enfants et qui passe de l'aide sociale à l'emploi précaire, puis à l'aide sociale, et qui cherche dans la mouvance de sa vie un point solide pour prendre appui. C'est le malheur ou le bonheur. C'est le goût de cendre qui reste à la bouche certains soirs. Mais c'est aussi l'immense appétit de vivre qui nous ressaisit après une maladie ou une grande peur.

Dans mon enfance, les questions de la mort étaient omniprésentes. D'une part, on mourait beaucoup, les gens mourant plus jeunes qu'aujourd'hui. Mais surtout, la mort ne passait pas inaperçue avec les longues soirées funèbres et la somptueuse journée des funérailles. L'interrogation de foi reposait donc beaucoup sur les questions gravitant autour des limites de la vie : la maladie, le péché, la mort. L'interrogation était en un sens de type métaphysique. « Que vivons-nous, pourquoi vivons-nous ? Quelle est la raison d'être ? Tu es vivant aujourd'hui, tu seras mort demain, et encore plus après-demain » (Aznavour, *Les deux guitares*). À propos, remarquons combien une simple chanson en vient à formuler les questions essentielles.

Les enfants d'aujourd'hui semblent rébarbatifs à ce genre d'interrogations. Ils ont déjà tout vu à la télévision. « Ok, je le sais. Tu me l'as dit. Jésus est mort puis il est ressuscité. Pis après ? » Éberlués, les catéchètes cherchent dans leurs manuels de nouvelles approches. Peut-on poser à des enfants des questions qu'ils ne se posent pas ou ne veulent plus entendre ? En fait, les enfants se posent rarement les grandes questions du commencement et de la fin. Ils imaginent mal le futur et le passé, les notions de temps et de durée naissant tard chez eux. Ils sont plutôt friands d'expériences et de symboles, de rites, de jeux, de mystères. Ils sont terriblement anxieux à propos de leurs proches. Par exemple, ils se sentent souvent vaguement coupables de l'échec conjugal de leurs parents. Torturés par la consommation, ils veulent tous les gadgets que la société fait miroiter, sans savoir prendre de distance avec leurs besoins. Ils veulent qu'on les écoute. Cherchant l'émotion forte, ils aiment les jeux risqués et sont fascinés par les interdits : d'où l'attrait de la drogue. Contrairement à ce que l'on pense, leur monde à eux est aussi un monde dur, un monde violent, où la violence physique, la violence verbale, le mépris et le dénigrement occupent parfois beaucoup d'espace. Ils sont aisément cruels à l'égard de certains de leurs compagnons. Leur imaginaire n'est plus celui de nos jouets et de nos récits : il est celui des médias actuels, avec leurs gadgets, leurs rythmes saccadés, leurs symboliques fantastiques.

Les adultes même ne se posent plus aujourd'hui tout à fait les questions que nous nous posions autrefois. La clé de la pédagogie de la foi reposait en gros sur deux piliers : l'autre monde et la peur. L'important n'était pas la vie présente, passagère et fragile, mais l'autre vie après la mort, celle-là éternelle et indestructible. Et en fonction de cette vie-là, il fallait régler la vie présente de façon à ne pas rater son coup. « L'essentiel, c'est le ciel » disait sans cesse le père Desmarais. Il fallait donc gérer la vie présente en fonction de la vie future. D'où la pédagogie de la peur qui dénonçait implacablement les ratés, les déviances, les errements, les péchés de la vie présente. « Rater l'éternité du ciel pour une heure de plaisir » évoquaient les prédicateurs. En ce cas, la référence implicite était le péché de la chair, le plaisir sexuel, si rapide, si violent et dont la détente qu'il procurait était qualifiée, au Moyen-Âge, de petite mort.

Nos contemporains ne sont pas très inquiets de la vie future. Beaucoup s'inventent des vies à venir (et passées) en évoquant les parcours infinis et variés de la métempsycose. À la dramatique du jugement et de la liberté a succédé l'idée d'un voyage indéfiniment repris et poursuivi. D'une part, la vie présente est absolutisée, valorisée à l'extrême. Chacun veut tout, tout de suite, et envisage mal les investissements à long terme dans sa propre vie pour devenir quelqu'un, aller au bout de soi, ou réussir un projet engageant. Jacques Grand'Maison souligne avec insistance le peu d'importance que les Québécois attachent à l'éducation. L'argent, le confort et l'indifférence prévalent. La vie actuelle est si importante qu'on réclame tous les soins et toutes les techniques pour prolonger sa vie, ne fût-ce que de quelques mois. Mais quand cette vie s'est achevée, pourquoi s'en faire ? Le voyage recommencera d'une autre manière.

Nous réussissons presque à être une société sans question. Par exemple, même les questions éthiques apparemment si nombreuses ne se posent plus d'une manière angoissante. Il suffit de quelques débats médiatisés et il y aura toujours un partisan du plus facile, du moins inquiétant qui nous convaincra que nos angoisses sont vaines et d'un autre âge. Si cela ne suffit pas, on demandera au juge de trancher, enlevant de ce fait aux gens la dure tâche de juger longuement selon leur conscience et de porter le poids de leurs décisions.

Les grandes questions traditionnelles sur lesquelles la foi prenait prise étaient surtout liées à la finitude (naître et mourir), au sens de la vie et du bonheur (Dieu était perçu comme le bonheur suprême), au sens de l'appartenance à un groupe et à une communauté (obéissance à l'Église et conformisme social), au sens de la responsabilité (faire le bien, éviter le mal), au sens de la transcendance, de tout ce qui dépasse le destin individuel. Ces questions étaient si évidentes et si communément partagées que ne pas se les poser c'était s'exclure de la société. Plus encore, les questions étaient souvent formulées de telle façon que seule la foi chrétienne (et catholique) pouvait leur apporter une réponse valable.

Nous sommes dans une situation toute différente. Nous refusons très largement de nous poser des questions sur le sens de la vie, sur la finitude, sur la responsabilité. Et si malgré tout il nous arrive de nous poser des questions, celles-ci portent moins sur la finitude que sur le trop-plein de la vie. Les questions traditionnelles reposaient sur une perspective de malheur à court terme (obsession de la mort, disette à tous les quatre ans, famine aux dix ans), mais de stabilité à long terme. Les questions nouvelles s'inscrivent dans un contexte de confort et de sécurité à court terme, mais d'incertitude à long terme (menace écologique, épuisement de l'univers, guerres nucléaires, etc.). Notre attention se porte donc sur la vie présente, absolument remplie et allongée, et non pas sur la vie future. Nous cherchons l'accomplissement personnel plus que la réussite de notre groupe social ou de la nation, la qualité de la vie et la plénitude de nos expériences physiques-psychologiques-spirituelles plus que l'atteinte d'un idéal.

Que veulent dire maintenant des choses comme l'appel à la perfection et l'appel à la sainteté ? Et qui donnerait sa vie pour sauver la patrie ? On préfère s'exiler aux États-Unis pour payer moins d'impôt, en espérant revenir à tous les six mois pour se faire soigner.

Au fond, quand nous parvenons à nous poser des questions, les questions qui émergent sont d'un autre type, liées

par exemple à la curiosité à propos de la validité des interprétations nouvelles largement diffusées par la culture (astrologie, Nouvel-Âge, nouvelles voies du salut), ou à propos
des techniques spirituelles à apprendre et à maîtriser pour
accéder à la paix. Par exemple, on ne cherchera pas, dans la
prière, l'expérience de Dieu ou la découverte de Dieu. On
cherchera davantage des techniques pour faire la paix en soi,
pour retrouver le souffle, refaire l'unité, vaincre son angoisse,
dormir mieux. Devant la pratique religieuse, la réponse est
toujours : ça ne m'apporte rien, avec la double allusion à l'inu-
tilité du groupe et à la futilité du rite, dans le cas où le rite
renvoie à autre que soi. Les techniques corporelles sont maintenant essentiellement des techniques de découverte de soi.
Les questions du comment prévalent sur les questions du
pourquoi, les questions du bonheur maintenant pour goûter
à fond tous les avantages de la vie, les réponses allant de la
sagesse intérieure jusqu'aux techniques de la forme et du
paraître. Je pense aux interminables conseils « pour être
belle » des magazines féminins, ou à la publicité destinée aux
mâles suggérant que la puissance sous le capot d'une automobile de luxe compense une virilité incertaine.

Qu'elles nous viennent par la publicité ou par l'information, qu'elles soient axées sur le comment ou sur le pourquoi, qu'elles soient psychiques ou métaphysiques, qu'elles
soient étouffées ou mises en exergue, les questions surgissent sans cesse. Mais leur flot incessant noie les questions de
l'heure sous d'autres questions émergentes, et cela sans fin.
Le torrent emporte tout, même son propre bouillonnement.
Comment donc se posent les questions de la foi ?

3 À la rencontre de croyants

Il n'aurait fallu qu'un moment de plus
Pour que la mort vienne
Mais une main nue alors est venue
Qui a pris la mienne.
(Aragon, chanté par Léo Ferré)

Quand nous parlons de foi, nous pensons en général à des personnes qui croient en Dieu, à des gens qui, ayant cherché un sens à leur vie, disent avoir rencontré quelqu'un (une énergie, une présence, le gars d'en haut) qui a changé leur vie. « Dieu existe, je l'ai rencontré » proclamait un auteur français, André Frossard, il y a une quinzaine d'années. Sur sa route, la personne croyante a rencontré un témoin, un saint, un gourou, un staretz, un marabout, qui a bouleversé sa vie. Ou encore, comme Augustin, elle a lu à un certain moment un texte fort qui a déchiré sa vie. Ou même elle a vécu une expérience intense d'ordre psychique, esthétique, métaphysique et en est ressortie avec la conviction radicale de l'existence de Dieu. Alors, son existence a basculé.

Comme je me situe dans la tradition chrétienne, dans le sillage de l'Écriture sainte, que nous appelons également le Livre, ou la Bible, je me suis demandé comment la question de la foi est racontée par un certain nombre de témoins. J'avais vraiment le choix, car ils sont des centaines à se présenter à nos yeux. J'en ai retenu simplement un dans le présent chapitre. D'autres suivront dans les autres.

Dans le sillage d'Abraham

D'Abraham, on dit qu'il est le père des croyants. Les textes qui le concernent dans la Bible – les chapitres 12 à 25 de la Genèse – sont à la fois anciens et disparates. On soupçonne des traditions diverses pas toujours intégrées. Je laisse de côté les questions d'ordre exégétique fort complexes et hors de ma compétence. Je me fie en général aux données communes qui, pour l'instant, semblent faire consensus dans les milieux chrétiens.

Vers le 18e siècle avant notre ère, vivait à Our, en Chaldée, un dénommé Abram dont la femme, Saraï, était stérile (Gn 11, 27-30). Lors d'une vision, Abram entend le Seigneur lui dire : « Pars de ton pays, de ta famille et de la maison de ton père vers le pays que je te ferai voir. Je ferai de toi une grande nation et je te bénirai. Je rendrai grand ton nom. Sois en bénédiction » (Gn 12, 1-2).

Abram, qui selon le texte a déjà soixante-quinze ans, croit et quitte son pays. On retrouve ici la note déterminante de la foi qui consiste à s'abandonner soi-même et à tenter l'aventure en prenant appui sur un autre, en ce cas, Dieu. Signalons ici qu'Abram n'est pas un athée. Il partage les croyances de son clan. Mais il semble recevoir une révélation particulière qui le pousse à partir à l'aventure. Il quitte son clan, à l'âge de soixante-quinze ans, pour devenir chef d'un grand peuple. Dieu a fait alliance avec lui.

Chez les peuples anciens, l'infécondité constitue un malheur immense, quasi absolu, tant pour l'homme que pour la femme, une véritable malédiction. Pour couvrir sa honte, c'est-à-dire le fait de ne pas avoir d'enfant, d'être stérile, la femme peut donner à son mari une de ses servantes et reconnaître comme ses propres enfants les enfants qui naîtront de sa servante. C'était, avant la chose, le substitut des mères porteuses. Saraï donne donc Agar, sa servante, à Abram. Ce dernier va vers elle et elle enfante Ismaël.

C'est alors que le Seigneur se manifeste dans une deuxième vision. La naissance d'Ismaël n'a pas tout réglé et les relations entre Agar, la servante, et Saraï sont difficiles. Le Seigneur apparaît à Abram et lui dit : « Marche en ma présence et sois intègre. Je veux te faire don de mon alliance entre toi et moi, je te ferai proliférer à l'extrême [...] Tu deviendras le père d'une multitude de nations » (Gn 17, 1-2.4). Le Seigneur change le nom d'Abram en Abraham et celui de Saraï en Sara (le changement de nom correspond à une mission) et il annonce à Abraham et Sara un fils de leur propre chair, ce qui les fait bien rire tous les deux puisqu'ils ont passé l'âge de ces choses : Abraham a cent ans et Sara quatre-vingt-dix ! Enfin, le Seigneur exige la circoncision des mâles en signe de l'alliance. La circoncision est restée dans la religion juive un signe essentiel de l'appartenance au peuple de Dieu. À l'aube de la foi chrétienne, Paul libérera les croyants en Jésus de cette obligation. Abraham, dit-il, a été sauvé par sa foi et non par la circoncision (voir épître aux Romains, 4). La circoncision n'en a pas moins persisté dans la pratique chrétienne courante, surtout pour des motifs d'hygiène. Elle constitue encore un rite important dans le judaïsme et chez les musulmans qui ont gardé, sur ce point, la tradition d'Abraham.

Une autre version de l'annonce d'un fils à Abraham et Sara est reprise dans l'apparition au chêne de Mambré. Cette fois, ce sont trois hommes qui se trouvent près d'Abraham. Abraham leur accorde l'hospitalité. Le visiteur inconnu (le texte utilise le pluriel, mais aussi le singulier) annonce un fils à Abraham et à Sara. Il s'appellera Isaac, ce qui constitue un jeu de mots : Dieu a souri, s'est montré favorable. Il y a probablement là une allusion sexuelle du genre : Dieu a souri, nous avons bien ri, nous avons bien joui. Le texte est savoureux et révèle en tout cas une ironie subtile : « Abraham et Sara étaient vieux, avancés en âge, et Sara avait cessé d'avoir ce qu'ont les femmes. Sara se mit à rire en elle-même et dit : "Tout usée comme je suis, pourrais-je encore jouir ? Et mon maître est si vieux !" » (Gn 18, 11-12). Le visiteur répondra : « Y a-t-il rien de trop merveilleux pour Yahvé ? » Neuf mois plus tard, Sara engendre un fils que l'on nomme Isaac.

Le quatrième récit important sur la foi d'Abraham est celui du sacrifice d'Isaac (Gn 22, 1-18). Dieu demande à Abraham qu'il lui sacrifie son fils unique. Abraham veut obéir et prépare le bûcher. Au moment d'exécuter Isaac, l'ange du Seigneur interrompt son geste : « N'étends pas la main sur le jeune homme. Ne lui fais rien, car maintenant je sais que tu crains Dieu » (Gn 22, 12). Abraham aperçoit un bélier qui s'est pris les cornes dans un buisson et l'offre « en holocauste à la place de son fils. »

Le récit du sacrifice d'Isaac, particulièrement tragique, semble avoir deux visées. Il illustre d'abord l'obéissance absolue qu'exige la foi. Après tant de promesses d'avoir enfin une descendance, après la venue d'Isaac, Abraham est prêt à y renoncer si le Dieu qui l'a convié à la foi l'exige. Le récit annonce également le refus du sacrifice humain. Dans les religions avoisinantes, certaines pratiques exigeaient l'immolation à Dieu du premier enfant mâle. L'intervention de l'ange vient désormais interdire ce geste :

> Quand tu seras arrivé dans le pays que le Seigneur ton Dieu te donne, tu n'apprendras pas à agir à la manière abominable de ces nations-là : il ne se trouvera chez toi personne pour faire passer par le feu son fils ou sa fille. (Dt 18, 9-10)

La foi

La foi d'Abraham est une référence obligée des trois grandes religions monothéistes : judaïsme, christianisme, islam. Abraham est le père de la foi. Qu'est-ce que les récits concernant Abraham, fortement mythifiés, nous dévoilent de Dieu et de nous ?

La première chose qui frappe, c'est que Dieu prend l'initiative. C'est Dieu qui fait irruption dans la vie d'Abraham et non le contraire. La foi s'inscrit dans la gratuité. La foi est une réponse libre à une invitation. Dans notre tradition spirituelle, Dieu cherche les humains avant que ces derniers ne cherchent Dieu. La foi d'Abraham inaugure en quelque sorte le monothéisme. Il n'y a pas une multitude de dieux vaguement semblables aux humains dans leurs haines et leurs

33

passions, à la manière du panthéon grec. Il n'y a pas non plus l'idée d'une divinité diffuse aux manifestations multiples. Il y a plus radicalement l'idée d'un Dieu unique, qui est quelqu'un, mais dont la densité d'être et la transcendance sont absolues. La foi est par ailleurs inséparable d'une promesse. Dans le cas d'Abraham, cette promesse est celle d'un pays, puis d'une descendance. Il y a un bien rattaché à l'aventure avec Dieu, j'allais dire une récompense, en tout cas un avenir (à-venir) qui est ouvert par la promesse de Dieu et qui entraîne une espérance.

Le troisième élément qui s'ensuit est que la foi est conçue comme une alliance, un quasi-contrat. Si Dieu promet, en revanche Abraham s'engage. Il quitte le pays de ses ancêtres et part à l'aventure. Il devra croire à l'impossible : à la naissance d'un fils de la chair épuisée d'un couple qui a passé l'âge, à l'obligation de renoncer à ce fils si Dieu le veut. Le mot foi renvoie implicitement à la constance de l'engagement, à la fidélité, à l'obéissance radicale au-delà d'un certain raisonnable.

Évidemment, le lecteur moderne qui lit le récit de la foi d'Abraham reste surpris par bien des choses. D'abord, c'est attacher beaucoup d'importance à la fécondité sexuelle. Quelle est cette obsession d'avoir un fils à tout prix. Nous qui faisons peu d'enfants, qui n'en voulons pas beaucoup et qui souvent prenons tous les moyens possibles pour n'en pas avoir (méthodes préventives, vasectomie, ligature des trompes, avortements de toutes sortes) restons un peu surpris que toute la vie d'un homme et l'aventure de sa foi reposent sur un enjeu aussi mince. C'est évidemment mal comprendre le contexte du récit. Abraham, comme ses pairs, ne pense pas à une autre vie après la mort. La survie passe par des enfants qui garderont sa mémoire et empêcheront en quelque sorte l'ancêtre de tomber dans l'oubli. Au surplus, sociologiquement, dans les sociétés anciennes, les enfants représentent la sécurité économique et sociale. Être sans enfant c'est être condamné à mourir pauvre et seul. De plus, le récit d'Abraham n'est pas le récit d'un homme isolé. C'est celui d'un ancêtre, du chef du clan et de la nation. C'est tout le peuple d'Israël qui est représenté dans l'histoire d'Abraham et, en lui, toute l'humanité. Les anciens n'avaient pas comme nous un sens de l'importance psychique de l'individu. C'est le groupe qui importe. En Abraham, Israël s'interprète lui-même, comprend son histoire et son avenir, se projette dans son ancêtre. Si Abraham a été le familier de Dieu, désormais Israël sera le peuple de la promesse.

Par ailleurs, il ne faut pas prendre trop à la légère le désir d'avoir un enfant. C'est un désir extraordinairement important probablement parce que l'enfant est le premier symbole – et notre première expérience – de la victoire sur la mort. Au début des années 1970, j'avais engagé un producteur de cinéma qui s'était fait vasectomisé à moins de quarante ans. Et voici que son fils unique venait de mourir. La tristesse de cet homme était horrible et j'en ai gardé une répulsion viscérale pour les interventions médicales définitives hâtives : les seins qu'on enlève ou qu'on ajoute, les ligatures de trompes ou les vasectomies hâtives, les anovulants dès l'âge de 17 ans, etc. Curieux paradoxe : plus l'espérance de vie augmente, moins les gens semblent capables de penser leur vie à long terme.

Pour en revenir à Abraham, on peut évidemment se demander si Dieu s'intéresse à ce point à nos débats sexuels et à notre fécondité. L'Église traditionnelle le pensait sans doute, elle qui a moralisé à outrance tout le domaine sexuel. Le récit de la Genèse ne s'attarde pas du tout à l'interdit sexuel. Les mœurs du temps ne sont pas les nôtres, à la différence près que l'antagonisme entre Agar et Sara nous ressemble et que la dureté de Sara envers Agar et son fils Ismaël fait penser à de la bonne vieille jalousie, une jalousie féroce, obstinée. C'est de fécondité que parle le récit, fécondité étant ici le symbole de l'avenir et de la survie. En offrant à Abraham son alliance, Dieu fonde un peuple saint. Israël gardera sans cesse l'empreinte de cette mission originelle, constamment reprise, réinterprétée, actualisée.

Le récit d'Abraham ouvre l'histoire d'Israël, mais par elle il ouvre en même temps toute l'histoire humaine à l'indéterminé, à la perspective d'un futur qui dépasse les capacités du présent, à une promesse qui n'a jamais fini de s'accomplir : « En toi seront bénies toutes les familles de la terre » (Gn 12, 3). Cet avenir absolu, nous, chrétiens, nous le nommons la vie éternelle. Dieu a eu pitié d'un vieillard infécond inquiet de son avenir. Pourquoi lui, pourquoi pas un autre ? Le récit insiste sur l'âge d'Abraham et de Sara, sur l'irréalisme de la promesse si l'on s'en tient à la sagesse humaine.

À cause de la foi, Abraham quitte son pays. Il part à l'aventure fonder il ne sait quoi. À cause de la foi, le sein stérile de Sara se réveille. À cause de la foi, la tradition ancienne de l'immolation du fils sera abolie. À cause de la foi, des générations et des générations d'êtres humains partiront à la recherche de Dieu, à la poursuite d'un autre horizon. Le Dieu que révèle l'histoire d'Abraham apparaît comme un Dieu tourné vers les hommes et soucieux de les mener bien au-delà de ce qu'on aurait cru possible.

La foi n'est pas d'abord une croyance, une opinion, une thèse. Elle est une expérience, une rencontre. Elle bouleverse le destin d'un être humain, chavire la vie, bouscule les prévisions. Elle est une aventure, une alliance.

À chacun son récit de la foi

L'aventure d'Abraham est à la fois typique et atypique. Les circonstances de la vie d'Abraham ne ressemblent en rien aux nôtres. Qui de nous sera jamais appelé à devenir l'ancêtre d'un peuple nombreux et la figure de tous les peuples de la terre ? À qui donc est-il donné d'avoir quatre visions claires et presque tangibles de Dieu lui-même ? Il y a, dans le récit biblique, une pieuse exagération qui fait sourire. Bien des mâles choisiraient la foi s'ils pouvaient encore engendrer à l'âge de cent ans !

Le récit de la Genèse n'est pas un reportage, mais une lecture interprétative de la foi de l'ancêtre. Il met en récit le cheminement d'un homme qui a changé, pour son peuple et pour les peuples qui suivront, la conception même de Dieu. Aux rites extérieurs de la religion du temps, il substitue une aventure de chair et de sang où la destinée d'un homme chavire, se brise et part à l'aventure vers un horizon sans limite, comme si on pouvait franchir « la limite au-delà de laquelle il n'y a plus de limite » (Claudel).

Pourtant, l'aventure d'Abraham révèle quelque chose de notre propre foi. Elle recèle pour nous tous, croyants et croyantes d'humble extraction, une bonne nouvelle de la foi, en nous fournissant un cadre de référence pour notre propre expérience de foi. Chacun de nous peut se dire : quand et comment Dieu m'a-t-il fait signe dans ma propre vie ? Y a-t-il un moment de ma vie où, tout à coup, j'ai eu la certitude que Dieu était là et m'appelait ? Dans les multiples projets où j'ai eu à risquer, à briser le cercle étroit de ma vie pour me lancer à l'aventure, y a-t-il eu un moment où j'ai perçu en avant de moi un appel, une force d'attraction, un centre de lumière et d'amour qui m'aspirait au-delà de moi-même ? Cela a-t-il eu lieu à trois ans, à sept ans, à quinze ans, à quarante ans ? Bill Gates, le fameux spécialiste de l'informatique, a dit être passé de l'incroyance à la foi à la naissance de sa fille. Que ce paquet de chair vive et vienne de soi, cela surpassait à ses yeux toute expérience antérieure et le propulsait dans un autre monde.

Quand on grandit dans une religion institutionnalisée comme le christianisme, dans le cadre de l'Église catholique, c'est la religion qui prédomine plus que l'interrogation de la foi elle-même. L'adepte fait tout naturellement les gestes de la religion comme si la démarche personnelle de foi était toujours derrière. On est baptisé enfant dans la foi de ses parents. Souvent aujourd'hui, lors d'un baptême, nous nous demandons : de quelle foi s'agit-il ? Durant l'enfance, on marchait au catéchisme, ou on recevait à l'école l'enseignement du catéchisme, ou celui de la catéchèse. Même aujourd'hui, malgré les bouleversements et changements, l'enfant ira au sacrement par convenance, parce que ses parents le désirent, parce qu'il y a une fête et des cadeaux. Le rite s'impose presque de lui-même. Les gestes sociaux de la religion inscrivent le sujet dans un contexte global de référence à Dieu et aux réalités d'en haut. Mais y a-t-il une expérience vitale personnelle, un événement de vie ou de mort au cours duquel le sujet croyant a été saisi à plein ventre, à plein cœur et propulsé dans le monde de la foi ? Quand le discours confessé par l'Église et ramassé dans le Credo a-t-il été une exaltation dans la lumière, une bouée de sauvetage qui tirait hors de la vie ? Même les rites, si puissants soient-ils, ne peuvent pas se substituer à l'expérience personnelle.

Lorsque j'étais jeune, j'aimais sauter dans la neige. Nous étions quelques gosses à constituer de grands tas de neige. Dans la cour arrière de la maison, nous grimpions à l'étage (on disait le deuxième) et nous sautions dans la neige. Je me souviendrai toujours de ces moments d'angoisse où l'instant est venu de se lancer. Sous les pieds, il y a encore le bois solide du balcon. En bas, il y a la neige. Au fond du ventre, il y a la peur, la fascination, l'orgueil de montrer aux autres qu'on a du courage, l'extrême concentration de tout le corps et l'illusion de jouer sa vie à l'instant même. Une fois parti, il y a cette éclaboussure de blanc et de froid dans laquelle on s'abandonne enfin dans la joie d'avoir réussi. Le sport du *bungie* (ou de l'élastique) doit ressembler à cela, en plus téméraire, au risque de l'irrationnel.

Il me semble que la foi, c'est un peu cela. C'est lâcher sa vie pour la miser sur un autre. À l'instant même de l'abandon, il y a cette peur et puis, juste après, cette impression de légèreté de l'être. On peut vivre cinquante ans dans la religion, mais n'avoir jamais tout à fait risqué sa vie pour Dieu. On répète les gestes, on fait ce qu'il faut faire, on apprend les formules, mais on n'a pas déporté sa vie. On vit la foi presque par procuration dans le train-train des choses. On se surprend que certains prennent cela si au sérieux, surtout les prédicateurs qui en rajoutent. Au fond, se dit-on, c'est leur métier.

Mais pour soi-même, on reste en deçà d'une expérience trop forte.

Il m'arrive de regarder le football américain à la télévision. Pour chaque équipe, les matchs sont relativement peu nombreux (quatorze par saison, je pense) mais très importants. Au début de la partie, il arrive que les joueurs se concentrent et fassent ensemble une prière. Cela m'étonne toujours de voir ces immenses gaillards, durs, rusés, implacables, se mettre à prier comme des enfants pour gagner un match. En quoi Dieu peut-il désirer que les Broncos l'emportent sur les Tigers, ou les Patriots sur les Cow-Boys ? Mais peut-être au fond l'enjeu n'est-il pas tant la victoire en elle-même que leur propre vie ? Littéralement, ces gaillards-là jouent leur vie, leur destin. Demain, ils seront des héros, des demi-dieux ou des moins que rien. Ils ont atteint le point ultime de leur vie. Et juste avant de faire le saut, ils ont peur. Ils ne sont déjà plus maîtres de leur vie. En priant, ils demandent plus que la victoire. Ils cherchent à prendre pied dans l'absolu qui les aspire. Et qui sait, peut-être à accepter la défaite autant que la victoire.

À quand remonte votre dernier geste de foi véritable ? Est-ce au moment de passer le dernier examen pour obtenir le diplôme tant attendu ? Au moment de l'entrevue pour le premier emploi ? Au moment d'entrer dans la salle d'opération alors que toute votre vie a défilé devant vos yeux et que vous vous êtes demandé ce que tout cela voulait dire ? Est-ce quand la police vous a arrêté et qu'on vous a enlevé votre ceinture et vos lacets de chaussures de crainte que vous ne fassiez quelque bêtise ? Est-ce quand l'amour vous a fait chavirer pour la première fois ? Est-ce en lisant un soir un passage de Matthieu ou de Jean, quand une lumière fulgurante a traversé votre esprit et que vous avez trouvé ce que vous cherchiez depuis toujours. Était-ce un air de violon ? Une chanson triste que chantait Mélina Mercouri ? Un coucher de soleil sur la mer, un soir d'été à la campagne quand le soleil rouge flottait encore au-dessus d'un nuage noir ? Est-ce quand il a fallu décider de faire la grève alors que vous ne saviez plus s'il fallait risquer votre job et votre vie ou vous contenter de l'actuelle médiocrité ? Est-ce au cours d'une fête grandiose quand vous avez vu le peuple en liesse et que vous avez cru, un moment, que cette fois ça y était ?

Il n'y a pas eu de vision. Nulle voix n'a frappé vos oreilles. Un ange n'a pas retenu votre bras au moment où vous aviez le goût de tuer. Il n'y a pas eu de prodige extérieur. Et pourtant, l'espace de trente secondes ou au cours d'une longue et épuisante crise qui a duré dix ans, vous avez perçu un appel, compris un devoir, envisagé un avenir. Une main s'est tendue que vous avez serrée ou rejetée. Une rupture s'est inscrite dans votre vie qui permet de dire : avant et après. Pendant un instant, le voile s'est déchiré. Il était là devant vous. Quitte ton pays, quitte ta vie. Fais-moi confiance. Saute. Brise tes chaînes. Laisse là le veau d'or, l'argent, le confort, la sécurité. Ose la liberté, la justice. Danse ou crie, mais sors de cette vie-là.

Du sacrifice d'Abraham, je me rappelle avoir lu en anglais un récit que j'adapte. Un ingénieur avait un poste important dans une usine vouée à l'industrie militaire. Malgré un excellent salaire, il sentait sur lui la pression de sa famille pour un niveau de vie à la hausse : auto, vacances, jeans et baskets à la mode, gadgets dernier cri. On connaît la chanson.

Cheminant avec un groupe de réflexion, le type réalisa que cela n'avait pas de sens qu'il travaille dans une usine d'armements, lui, le pacifiste convaincu. Torturé, déchiré, à la limite de la dépression, il décida de quitter son emploi. Et ses enfants ne comprirent pas pourquoi leur père les faisait dégringoler si vite de leur niveau de vie. Se pouvait-il qu'à travers ses débats de conscience, Dieu lui ait demandé de sacrifier sa famille ?

Dans le très beau film *Maître après Dieu*, le capitaine d'un bateau, rôle joué par Pierre Brasseur, cache des réfugiés juifs pendant la guerre. Dépassé par son destin, il s'enferme dans sa cabine et se met à lire la Bible attendant en vain un signe de Dieu. Et à chaque fois qu'il atteint un paroxysme, le second frappe à la porte pour lui demander une décision. La lumière ne se fait qu'à l'instant où il comprend que l'ange du Seigneur (ange = envoyé), c'est précisément le second qui frappe à sa porte. C'est là que Dieu se présente, dans ce corps à corps avec la mer, avec la peur, avec cette cargaison de Juifs qu'il faut arracher à la tyrannie et au camp de concentration.

La foi ? Ce n'est pas une formule, une doctrine, un savoir. C'est une expérience qui peut aussi s'inscrire dans la douleur. L'expérience de la foi est plus fréquente qu'on ne pense. Mais distraits de notre vie, nous ne le réalisons pas toujours.

4 *La foi,*
une illusion ?

Mourir pour des idées ?
D'accord.
(G. Brassens)

Le plus difficile dans la foi, c'est qu'autrui peut la contester, la nier, parfois même la tourner en dérision. Car pour autrui, la foi est étrange. Est-elle rationnelle ? Est-elle une illusion, une histoire qu'on se raconte pour échapper à l'angoisse ? N'est-elle, au fond, que crédulité, aveuglement volontaire ? Ou bien y a-t-il des passerelles de sens entre l'acte de croire et la raison humaine ? Aucun argument rationnel ne peut contraindre à la foi (puisque la foi deviendrait alors une science). On ne croirait pas, non plus, sans certaines raisons de croire. L'acte de croire n'est pas irrationnel, même s'il dépasse le domaine de la pure rationalité. C'est du moins ce que disent les croyants et les croyantes. Mais s'identifier comme croyant, c'est accepter que d'autres, incroyants, sceptiques, rationalistes, refusent notre démarche et la jugent futile. La controverse est alors inévitable. Autant y faire face.

Dans le langage courant, dire je crois a deux sens. Le premier sens signifie : être d'avis que, penser que. Je crois qu'il fera beau demain. Si je vis depuis longtemps dans une région et que j'ai pris l'habitude d'observer les indices météorologiques courants (la couleur du ciel, le vent, l'humidité, la position des feuilles des arbres), mon opinion a des chances d'être valide. Mais si je dis : je crois qu'aux élections municipales, un tel sera élu, mon estimation est plus fragile. Nous émettons comme cela des centaines de jugements approximatifs qui ne nous compromettent guère mais qui nous permettent de jeter quelques repères dans le fouillis de la vie. Nous sommes alors dans l'ordre de l'approximation et de l'opinion.

Le deuxième sens du mot croire désigne une adhésion beaucoup plus ferme. Je crois en toi. Quelqu'un, un ami, un proche, veut vous emprunter de l'argent. Si c'est un ivrogne, un drogué qui vous a fait le coup cent fois, vous le regardez dans les yeux et lui dites calmement : « Arrête ta chanson, je ne te crois pas du tout. » Si, au contraire, il s'agit d'un ami sincère dont vous connaissez la loyauté, vous lui dites : « Si c'était un autre, je dirais non. Mais parce que c'est toi, je vais prendre une chance. J'ai confiance en toi, je te crois, je crois en toi. »

On n'est pas ici dans la simple plausibilité d'une proposition. On est dans l'adhésion personnelle, dans l'intersubjectivité humaine, dans le mouvement de confiance qui nous fait adhérer à quelqu'un. Il y a toujours de l'amour dans la foi. « C'est mon ami, rendez-le-moi, j'ai son amour, il a ma foi. »

Reproduisant les subtilités du latin ancien, la langue française distingue trois niveaux de croyance : croire à quelque chose, croire quelqu'un, croire en quelqu'un.

Croire à quelque chose, c'est adhérer à la formulation d'une certaine vérité. Certains croient à l'astrologie. Je n'y crois pas du tout, à partir d'arguments que j'estime rationnels et qui reposent, pour une bonne part, sur des données scientifiques vérifiables. Par ailleurs, je crois, de foi religieuse, à la vie éternelle non pas à partir d'arguments scientifiques mais à partir de mon adhésion à Jésus Christ et du lien que je fais entre Jésus et la promesse de la résurrection.

Croire quelqu'un, c'est accepter son témoignage. Lucie raconte qu'elle a vu deux canots remonter la rivière. Je la crois volontiers, car Lucie ne raconte jamais de balivernes. Bernard affirme que la troisième voisine est une putain, mais il ne peut appuyer ses dires sur aucun fait solide. Je sais que Bernard hait sa voisine pour la tuer depuis que son fils à elle a lancé des pierres à son chat à lui. Bernard n'est guère crédible, je ne le crois pas. De même dans un procès, le juge croit le témoin qui dit blanc et ne croit pas l'autre témoin qui dit noir. À son avis, l'un dit la vérité, l'autre ment ou se trompe.

Croire en quelqu'un c'est entrer en relation, c'est faire confiance, c'est confier sa vie à quelqu'un. Quand on rencontre un chirurgien avant une opération, on se demande si on peut lui faire confiance jusque-là. S'il allait rater son coup. Certains font une enquête discrète. D'autres posent des questions, question sur question, pour acquérir la conviction que le chirurgien connaît son affaire et qu'il est digne de confiance.

L'ère dans laquelle nous vivons est caractérisée par la raison, par la victoire de la science sur les fables et sur les qu'en-dira-t-on. Il a fallu tant de temps à l'humanité pour se sortir de l'obscurantisme et arriver à l'âge des lumières. Nous savons maintenant que la structure de l'univers dans lequel nous vivons s'inscrit dans une logique mathématique, la même partout. L'instrument principal dont dispose l'humanité pour progresser, et pour comprendre le monde où elle s'inscrit, c'est la raison. Dans certains milieux effrayés par les progrès de la science et les risques inhérents à une rationalité débridée, on en vient à maudire la raison et à glisser dans l'irrationnel. C'est, me semble-t-il, renoncer à être soi-même. « Guenille si l'on veut, mais cette guenille m'est chère » faisait dire Molière à l'un de ses personnages. Renoncer à sa raison, c'est être humainement irresponsable.

Pourtant, la raison ne suffit jamais. La vie sociale, la bonne vie humaine, est impossible sans la confiance. Confiance lucide, éprouvée, critique, éclairée, mais confiance tout de même.

Entre la crédulité naïve et finalement irrationnelle et une rationalité absolue, il y a un espace de confiance irréductible essentiel à la vie humaine. Toute société repose sur un certain nombre de postulats et de valeurs invérifiables ; elle repose aussi sur la validité des institutions et de la transmission de l'information, ce qui nous permet de croire nos dirigeants, les médias et les témoins essentiels que nous rencontrons ; elle repose également sur la validité de la confiance elle-même, sur l'intensité et la vérité des démarches que nous faisons les uns à l'égard des autres et qui font que, malgré les possibles mensonges et tromperies, malgré les innombrables ratés, nous pouvons et devons croire les uns dans les autres. En deçà de cette « société de confiance » (Peyrefitte), nous glisserions vers la situation qui aspire la société américaine : une société menée par des juges et des avocats où d'interminables procès cherchent à enclore dans la rationalité de la preuve la bonne ou la mauvaise foi des citoyens. Se refusant la confiance, les gens glissent dans l'étau de la loi et de la preuve judiciaire.

L'acte de croire religieusement est-il folie ou démission ? De lui-même il échappe à la démarche strictement rationnelle. Il est donc suspect et doit se justifier devant la raison. Mais la raison est elle-même menacée de sa propre violence, de ses propres illusions, d'un instinct de pouvoir qui la pervertit. Cela s'appelle le rationalisme, où une rationalité close devient aveugle à l'égard de ses propres présupposés.

Bref, si l'acte de foi en lui-même échappe à la rigueur de l'analyse rationnelle, il n'est pas déraisonnable en soi de reconnaître la confiance comme une réalité constituante de l'expérience humaine.

D'où la tension jamais résolue et ultimement insoluble entre foi et raison, entre science et foi. On a pensé longtemps que la foi tenait lieu de science. Qui ne se souvient de la querelle autour de Galilée ? Puis on a pensé que la science chassait la foi et que la foi est une peau de chagrin qui rétrécit à mesure que la science progresse. D'où la mort annoncée de la foi.

Il faut plutôt penser que nous sommes dans deux ordres de réalité entre lesquels s'instaure une tension dialectique. Souvent les deux s'affrontent, parfois elles collaborent. Le plus souvent, elles se purifient l'une l'autre, la science obligeant la foi à réviser ses formules, à retenir son impérialisme, à se dégager de la crédulité, la foi obligeant la science à tenir compte de toute la complexité du réel et à interroger son propre absolutisme.

Dans son procès devant la raison, la foi doit donc rendre compte d'elle-même. Se réfugier dans la foi pure en refusant toute bonne foi à l'interlocuteur qui pense autrement que soi n'est ni sage, ni adéquat. Cela s'appelle du fidéisme. Il faut tout au moins montrer qu'il n'est ni absurde ni contradictoire de croire. J'ai affirmé précédemment que la bonne vie sociale suppose une part de foi-confiance en autrui. Mais croire en Dieu ? Dieu existe-t-il ? L'existence de Dieu est-elle démontrable ? Pour échapper au fidéisme, il faut tout au moins montrer soit que Dieu existe, soit qu'il peut exister, c'est-à-dire que son éventuelle existence n'est pas contradictoire.

L'apôtre Paul est très affirmatif en ce sens et fait reproche aux impies de leur incrédulité :

> Car ce que l'on peut connaître de Dieu est pour eux manifeste : Dieu le leur a manifesté. En effet, depuis la création du monde, ses perfections invisibles, éternelle puissance et divinité, sont visibles dans ses œuvres pour l'intelligence.
> (Rm 1, 19-20)

Cet argument de l'existence de Dieu à partir de l'existence de la création a été repris de diverses manières. Thomas d'Aquin évoquait cinq voies : le mouvement, la cause efficiente, le contingent et le nécessaire, le bon et le vrai, le gouvernement des choses. Finalement, l'argument est toujours le même : si nous vivons dans une existence précaire, où se trouve la non-précarité qui nous permet d'exister ? S'il y a eu un moment (temporel ou logique) où rien n'existait, alors rien ne peut exister maintenant. Le mystère fondamental, c'est qu'il existe quelque chose plutôt que le néant. Si Dieu n'existe pas, le monde est éternel. Mais si le monde est éternel, comment peut-il subsister dans la précarité, le changement et l'incertitude que nous connaissons ? Il faut donc postuler un autre ordre de réalité hors de ce monde qui fonde ce monde.

Dans le discours actuel de la science, à cause du phénomène observé de l'expansion de l'univers, on postule au commencement du monde, il y a peut-être quinze milliards d'années, une explosion gigantesque (big-bang). Qu'y avait-il avant, demande l'enfant ? La question n'a pas de sens, répond le savant (par exemple, Albert Jacquard), puisque le temps commence avec le big-bang. Il n'y a pas d'avant le temps puisque c'est l'espace-temps qui fait exister l'avant, l'après, le proche et le lointain. « Il n'y a plus d'après à Saint-Germain-des-Prés, plus d'après-demain, plus d'après-midi, il n'y a plus qu'aujourd'hui » (Béart). D'elle-même, la science ne peut certes pas conclure à Dieu puisque Dieu est au-delà des phénomènes. Elle ne peut pas conclure non plus à la non-existence de Dieu, dans la mesure où la science ne peut démontrer un non-effet. Elle reste toujours contrainte par les limites de ses instruments de mesure. La science éclaire – et magistralement, même si ses hypothèses sont toujours révisables et falsifiables – la question du commencement. Elle ne peut remonter à l'origine. Cette dernière démarche n'est pas scientifique mais philosophique ou, comme on dit, métaphysique.

Les voies de l'existence de Dieu pointent vers un au-delà du monde pour fonder le monde. S'agit-il d'une illusion, d'un mirage, d'un piège de logique ? Auquel cas il faut conclure que c'est le fait même de se poser des questions qui est illusoire. L'être humain est alors une question inutile, une erreur de la nature et c'est toute la démarche de la pensée qui en devient absurde. Mais on ne peut en induire l'inexistence de Dieu.

Ou bien il faut conclure qu'on ne sait pas, qu'on ne saura jamais et que nous sommes devant une ignorance invincible. En ce cas, à l'hypothèse de Dieu il faut répondre : peut-être que oui, peut-être que non. On ne sait pas. C'est ce que l'on appelle l'agnosticisme.

Ou bien il faut pousser plus loin et faire confiance (encore !) à la quête de vérité qui nous anime et alors postuler, hors du monde, une raison d'être, une cause première non causée qui nous fasse échapper à l'interminable suite des pourquoi et des avant. Si Dieu est créateur du monde, il n'est pas le créateur au commencement du monde. Il est à l'origine du monde, celui d'ici et d'ailleurs, celui d'hier, d'aujourd'hui et de demain. Échappant aux contraintes de l'espace-temps, il transcende et fait exister l'espace-temps. Auquel cas la question n'est plus que Dieu existe, mais comment le monde peut exister en dehors de Dieu ?

Dans les différentes approches du mystère de Dieu dévoilé par la création, j'avoue être assez fasciné maintenant par l'expérience de la beauté qui se rapproche de la quatrième voie de saint Thomas d'Aquin. Dans l'argumentation traditionnelle, la beauté constitue une espèce de catégorie transcendantale qui suppose, quelque part, une essence de la Beauté parfaite dont toutes les autres beautés découleraient.

Ce genre d'argument fait sourire maintenant puisque nous savons qu'il y a une multitude d'esthétiques tout aussi valables les unes que les autres. On se pâme maintenant pour

Renoir, Monet et Degas, alors qu'il y a vingt ans il fallait le faire pour Picasso. Préférer Rubens à Botticelli, Riopelle à Bruegel ? Mozart ou Stravinski, Verdi ou Britten, Berg ou Beethoven ? Molière est-il encore drôle, Racine est-il encore jouable ? Nous ne croyons plus beaucoup à l'en-soi de la beauté, ou du moins nous avons renoncé à en définir le canon, les règles et la mesure prétendument valables pour juger d'une œuvre et la déclarer belle ou laide. Ce que Saint-Saëns a dit de ses jeunes compatriotes Debussy et Ravel !

Comme le dit Gabriel Marcel, la beauté, c'est un message à quelqu'un. Hors des critères de l'esthétique établie, qu'est-ce qui fait que nous percevions la beauté ? Pourquoi la beauté ? Pourquoi, dans l'infinité de nos besoins physiques et psychiques, ce besoin d'une expression hors-besoin ? Pourquoi cette dépense d'énergie qui n'apporte rien au ventre, ni à la peau, qui parfois nous expulse de la communauté, qui peut échapper à notre époque et n'être reconnue que deux générations plus tard ?

On peut bien penser que, dans les grottes de Lascaux, les tableaux de chasse ont une valeur incantatoire et magique, à la limite utilitaire. Mais pourquoi un coucher de soleil est-il si beau ? Il n'est pas beau en soi. Il est beau pour l'œil qui le regarde. Et la beauté de l'orage ? Et la beauté de la neige qui brille au soleil d'un jour glacial d'hiver ? Qu'on trouve belle une chevelure de femme qui flotte au vent, passe encore. La séduction fait son œuvre. Mais belle, une fleur ? Belle une chanson dans une langue qu'on ignore ?

Il y a dans l'expérience de la beauté une dimension extatique, une sortie hors de la condition quotidienne, une percée vers un autre ordre de réalité qui n'est ni de la

51

science, ni de l'économie, ni de la politique. C'est comme s'il y avait en nous un besoin de dépassement, une pulsion pour échapper aux limites de l'espace-temps et déboucher dans un au-delà de l'état présent. On peut penser à la caverne de Platon où le jeu des ombres renvoie à une existence antérieure. Ce qui est intéressant dans la beauté – quelle qu'elle soit – c'est la pulsion vers la transcendance, pulsion qui existe à la fois chez l'artiste qui crée et chez le spectateur qui goûte.

L'expérience de la beauté est un arrachement à ce monde et une recherche éperdue d'autre chose. Elle s'exprime sous le mode du ravissement comme s'il existait hors de notre registre un autre niveau d'existence.

Cela ne postule pas rationnellement l'existence d'une beauté en soi hors de ce monde. Mais cela nous donne à vivre une expérience qui pointe hors de ce monde et de sa mesure. Peut-être n'y a-t-il pas tant de différence entre l'expérience mystique et l'expérience esthétique.

Dans l'expérience religieuse courante, la beauté et l'harmonie de la nature sont une première expérience de Dieu. En termes chrétiens on pourrait parler ici de Parole implicite, de dévoilement, de révélation non proférée. Quand elle parle d'expérience de Dieu, la tradition biblique met plutôt en récit une communication explicite du Seigneur à un individu. Mais le mystère de la création reste un lieu propice à la perception d'une présence diffuse. « La grandeur et la beauté des créatures conduisent par analogie à contempler leur Créateur » (Sg 13, 5).

À vrai dire, l'auteur dit cela du bout des lèvres, car l'essentiel de son discours dénonce l'idolâtrie, fustige ceux qui prennent la créature pour Dieu. La création est un langage, un langage qui demande un discernement.

> Les cieux racontent la gloire de Dieu,
> le firmament proclame l'œuvre de ses mains.
> Le jour en prodigue au jour le récit,
> la nuit en donne connaissance à la nuit.
> Ce n'est pas un récit, il n'y a pas de mots,
> leur voix ne s'entend pas.
> Leur harmonie éclate sur toute la terre
> et leur langage jusqu'au bout du monde.
> *(Ps 19, 2-5)*

Comme je l'indiquais précédemment, l'univers biblique, soucieux de mettre en évidence l'alliance et l'auto-révélation de Dieu à l'être humain, est relativement peu sensible à l'expérience naturelle de Dieu dans la création, bien qu'à ses yeux le Créateur soit partout à l'œuvre. La Bible n'en a pas moins gardé un récit délicieux, celui du déluge. Il s'agit d'un mythe qui circulait dans les littératures voisines, mythe racontant une inondation gigantesque perçue comme un châtiment de Dieu pour les péchés commis. Noé, le juste, est sauvé des eaux et sauve dans son arche toutes les espèces de la terre. Après le sauvetage, Dieu établit une nouvelle alliance avec la terre et donne l'arc-en-ciel comme signe de sa bénédiction.

> J'ai mis mon arc dans la nuée pour qu'il devienne un signe d'alliance entre moi et la terre. Quand je ferai apparaître des nuages sur la terre et qu'on verra l'arc dans la nuée, je me souviendrai de mon alliance entre moi, vous et tout être vivant quel qu'il soit ; les eaux ne deviendront plus jamais un déluge qui détruirait toute

chair. L'arc sera dans la nuée et je le regarderai pour me souvenir de l'alliance perpétuelle entre Dieu et tout être vivant, toute chair qui est sur la terre.
(Gn 9, 13-16)

Nostalgiques de la nature, bouleversés par la crise écologique et soucieux de restaurer un nouveau contrat naturel, nos contemporains cherchent dans la nature le premier symbole de la présence divine. Ils sentent qu'un regard purement scientifique et extérieur ne suffit pas à contraindre la violence humaine et qu'il faut retrouver dans la nature le sens du sacré. Nous sentons vaguement que sur le plan éthique il nous faut résister à la tentation de réduire la nature à ne plus être qu'une matière brute livrée tout entière à notre manipulation technique. La terre est notre demeure fragile. Est-elle aussi une demeure sacrée, inviolable, habitée d'une autre présence, frémissante d'un autre souffle ? L'hypothèse des modifications génétiques, voire du clonage de l'être humain, et les crises incroyables de la vache folle et de la fièvre aphteuse en Europe laissent entrevoir une crise profonde du sens de la vie et de la nécessité de valeurs transcendantales.

Quand j'étais jeune, nous avions une peur terrible quasi maladive des orages électriques. Quand il en survenait un, nous pendions des couvertures aux fenêtres pour nous protéger de l'éclair, nous allumions un cierge et il nous arrivait de dire le chapelet. L'orage n'effraie plus guère, car la multitude des installations électriques et la mise au sol des maisons nous protègent efficacement de la foudre. J'aime regarder l'orage en fureur, car c'est un spectacle d'une étrange beauté. Quand je sens le sol trembler sous ma maison, un émoi me saisit qui n'est pas la peur mais qui ressemble à l'admiration.

Peut-être ce parcours est-il la figure même des changements que nous avons vécus. Nous sommes passés d'un univers essentiellement religieux à un monde désenchanté et techniquement contrôlé. Ce contrôle nous sauve de la peur ; mais il peut aussi nous conduire à notre perte, c'est-à-dire à la destruction du milieu écologique et à la perte de tout sentiment de beauté. D'où l'urgence de réintroduire la beauté et le sens d'une certaine transcendance, de quelque dimension sacrée.

Dieu ne se démontre pas à coup de syllogismes. La pensée réflexive intuitionne sa présence et justifie la plausibilité de son existence. Le monde est une forêt de symboles dont le clair-obscur nous amène à la porte du mystère. Cela n'est pas encore la foi. Mais cela rend la foi légitime comme une option humaine possible rationnellement fondée et digne de respect.

Percevoir le monde dans lequel il nous faut naître et mourir comme une création de Dieu, création originelle se produisant ici et maintenant, c'est intuitionner quelque chose qui ressemble à des formules connues : « je crois en Dieu, le Père tout-puissant, créateur du ciel et de la terre ». Un Dieu dont la tendresse est le propre, un Dieu dont la beauté est la route.

5 *Avez-vous dit Dieu ?*

*En vain j'interroge,
en mon ardente veille,
La nature et son Créateur ;
Pas une voix ne glisse à mon oreille
un mot consolateur.*
(Faust, dans l'opéra de Gounod)

Les gens d'ici ont eu une *overdose* de Dieu. On leur en a tellement parlé, il était tellement partout, on a tellement fait appel à sa présence et à son autorité dans le domaine moral que, pendant un certain temps, peut-être pendant quelques générations, les gens en ont oublié leur propre désir. Maintenant, nous sommes en plein retour du refoulé, dans l'amnésie de Dieu. Les gens ne veulent plus de Dieu, du moins de ce Dieu-là. Ils ne veulent plus d'un Dieu personnel qui parle, qui fasse alliance et qui puisse se dresser devant nous comme un Autre. Ils veulent un Dieu qui se confonde avec le monde, un Dieu indifférencié et insaisissable. D'où l'évocation d'images floues : présence, énergie, lumière. On sait que, dans les religions orientales, particulièrement dans le bouddhisme, la réalité de Dieu est problématique. À la rigueur, Dieu n'existe pas. C'est le soi que l'adepte cherche jusqu'à l'illumination et la mort du désir. La quête est la poursuite de soi et non la rencontre d'un Autre. Les observateurs signalent que cette recherche correspond au subjectivisme de notre époque, époque profondément narcissique et individualiste.

Il est toujours très difficile de savoir qui est Dieu. Est-ce Dieu qui a parlé ? Dieu n'est-il que la projection de nos rêves et de nos ambitions ? On connaît la boutade attribuée entre autres à Voltaire : « Dieu a fait l'homme à son image. Mais l'homme le lui a bien rendu. »

Une partie de l'expérience de Dieu est inobjectivable. Dieu parle. Mais en même temps, Dieu ne parle qu'en moi et par moi. On ne peut enregistrer la voix de Dieu sur magnétophone. On sait que, dans le rêve, le dormeur est le sujet fondamental de son rêve. C'est toute sa vie psychique qui se camoufle et s'insinue dans le récit rêvé et dans les symboles fantastiques du cauchemar. De même, quand je prie, c'est moi qui parle et qui réponds. Je parle à Dieu, je parle pour Dieu. Je formule à la fois la question et la réponse. Illusion suprême ? Peut-être.

La littérature pieuse est pleine de ces récits de saints et de saintes qui ont des visions. Marguerite-Marie Alacoque (1647-1690) a des visions à l'âge de cinq ans. Puis elle voit le Christ qui lui montre ses cinq plaies et qui lui demande d'instaurer une fête en l'honneur du Sacré-Cœur. Est-ce que les fêtes de Noël, de la Passion et de Pâques ne suffisaient pas déjà ? Marguerite traduit bien la religiosité de son époque, tout comme le font aujourd'hui les voyants de Medjugorje.

Quelle est ici la part de la subjectivité humaine et la part d'authenticité de l'expérience spirituelle ? Le discernement s'impose. C'est finalement à d'autres signes que je pourrai valider ou invalider l'authenticité de mon rapport à Dieu, vérifier si je suis captif de mon narcissisme ou si, au contraire, par-delà les jeux et les pièges du langage, il se passe quelque chose.

Dans la vaste galerie de portraits de croyants, la Bible nous offre trois expériences significatives du visage de Dieu révélé dans l'expérience mystique. Les trois récits sont la lutte de Jacob avec l'ange, la vocation de Samuel et la marche d'Élie.

Jacob

Petit-fils d'Abraham, fils d'Isaac, Jacob est un homme complexe, à la fois faible et rusé, ancêtre des douze tribus d'Israël. Un soir, passant le gué de Jabboq avec sa famille, Jacob doit lutter toute la nuit avec un inconnu qui ne lui révèle pas son nom mais qui, le bénissant, dévoilera son caractère divin. À un moment du combat, l'adversaire donne à Jacob un mauvais coup : « Il vit qu'il ne pouvait l'emporter sur lui, il heurta Jacob à la courbe du fémur qui se déboîta alors qu'il roulait avec lui dans la poussière » (Gn 32, 26).

Jacob dont le nom devient alors Israël (fort contre Dieu) restera avec un défaut à la hanche, séquelle de sa rencontre avec Dieu : « J'ai vu Dieu face à face et ma vie a été sauve » (Gn 32, 31).

Samuel

Le jeune Samuel est consacré à Dieu par ses parents et élevé au temple auprès d'Éli, un prêtre gardien du temple (à ne pas confondre avec le prophète Élie).

Le petit Samuel servait le Seigneur en présence d'Éli. La parole du Seigneur était rare en ces jours-là, la vision n'était pas chose courante. Ce jour-là, Éli était couché à sa place habituelle. Ses yeux commençaient à faiblir. Il ne pouvait plus voir. [...]

Le Seigneur appela Samuel. Il répondit : « Me voici ! » Il se rendit en courant près d'Éli et lui dit : « Me voici, puisque tu m'as appelé. » Celui-ci répondit : « Je ne t'ai pas appelé. Retourne te coucher. » Il alla se coucher. Le Seigneur appela Samuel encore une fois. Samuel se leva, alla trouver Éli et lui dit : « Me voici, puisque tu m'as appelé. » Il répondit : « Je ne t'ai pas appelé, mon fils. Retourne te coucher. » Samuel ne connaissait pas encore le Seigneur. La parole du Seigneur ne s'était pas encore révélée à lui. Le Seigneur appela encore Samuel, pour la troisième fois. Il se leva et alla trouver Éli. Il lui dit : « Me voici, puisque tu m'as appelé. » Éli comprit alors que le Seigneur appelait l'enfant. Éli dit à Samuel : « Retourne te coucher. Et s'il t'appelle, tu lui diras : Parle, Seigneur, ton serviteur écoute. » Et Samuel alla se coucher à sa place habituelle.

Le Seigneur vint et se tint présent. Il appela comme les autres fois : « Samuel, Samuel ! » Samuel dit : « Parle, ton serviteur écoute. »
(1 S 3, 1-10)

Élie

Élie, prophète critique du pouvoir royal, doit fuir devant la reine Jézabel.

Akhab parla à Jézabel de tout ce qu'avait fait Élie, et de tous ceux qu'il avait tués par l'épée, tous les prophètes. Jézabel envoya un messager à Élie pour lui dire : « Que les dieux me fassent ceci et encore cela si demain, à la même heure, je n'ai pas fait de ta vie ce que tu as fait de la leur ! » Voyant cela, Élie se leva et partit pour sauver sa vie ; il arriva à Béer-Shéva qui appartient à Juda et y laissa son serviteur. Lui-même s'en alla au désert, à une journée de marche. Y étant parvenu, il s'assit sous un genêt isolé. Il demanda la mort et dit : « Je n'en peux plus ! Maintenant, Seigneur, prends ma vie, car je ne vaux pas mieux que mes pères. » Puis il se coucha et s'endormit [...]

Mais voici qu'un ange le toucha et lui dit : « Lève-toi et mange ! » Il regarda : à son chevet, il y avait une galette cuite sur des pierres chauffées, et une cruche d'eau. Il mangea, il but, puis se recoucha. L'ange du Seigneur revint, le toucha et dit : « Lève-toi et mange, car autrement le chemin serait trop long pour toi. » Élie se leva, il mangea et but puis, fortifié par cette nourriture, il marcha quarante jours et quarante nuits jusqu'à la montagne de Dieu, l'Horeb.

Il arriva là, à la caverne, et y passa la nuit. – La parole du Seigneur lui fut adressée : « Pourquoi es-tu ici, Élie ? » Il répondit : « Je suis passionné pour le Seigneur, le Dieu des puissances : les fils d'Israël ont abandonné

ton alliance, ils ont démoli tes autels et tué tes prophètes par l'épée ; je suis resté moi seul, et l'on cherche
à m'enlever la vie. » – Le Seigneur dit : « Sors et tiens-
toi sur la montagne, devant le Seigneur ; voici, le Seigneur va passer. » Il y eut devant le Seigneur un vent
fort et puissant qui érodait les montagnes et fracassait
les rochers ; le Seigneur n'était pas dans le vent. Après
le vent, il y eut un tremblement de terre ; le Seigneur
n'était pas dans le tremblement de terre. Après le tremblement de terre, il y eut un feu ; le Seigneur n'était pas
dans le feu. Et après le feu le bruissement d'un souffle
ténu. Alors, en l'entendant, Élie se voila le visage avec
son manteau ; il sortit et se tint à l'entrée de la caverne.
Une voix s'adressa à lui : « Pourquoi es-tu ici, Élie ? »
(1 R 19, 1-13)

Les récits concernant Jacob, Samuel et Élie sont célèbres
et constituent des hauts-lieux de l'expérience mystique et de
la révélation de Dieu. Ce sont des récits naïfs, simples et cha-
leureux qu'il importe d'analyser un peu.

Le récit de Jacob présente la rencontre avec Dieu comme
un combat. Très souvent, les partisans de l'expérience mystique insistent sur sa suavité, sa douceur, sur la consolation
qu'ils y trouvent dans ce qui ressemble à une gourmandise
spirituelle. Chez Jacob, la relation avec Dieu est difficile. C'est
comme une lutte sans merci dont l'être humain sort blessé et
meurtri. Au terme de son combat, Jacob reste boiteux, dé-
hanché. Il gardera au cœur comme une cicatrice qui reste le
témoin de la rencontre avec Celui qui ne révèle son identité
qu'au terme d'un combat, mais en le bénissant. Le langage
amoureux évoque souvent la blessure d'amour, parfois
physique, la plupart du temps symbolique :

J'aimerai toujours le temps des cerises
C'est de ce temps-là que je garde au cœur
Une plaie ouverte.
Et dame fortune en m'étant offerte
Ne saura jamais calmer ma douleur.
J'aimerai toujours le temps des cerises
Et le souvenir que je garde au cœur.

Il n'est pas abusif de parler de la blessure de Dieu. « Il est impossible de parvenir à la profondeur de la sagesse et des richesses de Dieu sans pénétrer dans la profondeur de la souffrance de mille manières » (Jean de la Croix).

Le récit de Samuel illustre bien le discernement à mettre en œuvre dans l'expérience spirituelle ainsi que le rôle du guide spirituel. Par trois fois, Éli renvoie Samuel à lui-même. Il évite de s'approprier la conscience de Samuel, de lui dicter sa propre expérience. Il le renvoie à sa solitude en l'incitant à pousser plus loin son expérience. Il n'y a pas d'expérience de Dieu sans ténacité, sans persistance, sans reprise. Éli sait s'effacer devant l'action de Dieu. Mais il agit aussi comme instance de discernement. Samuel, pour sa part, sent le besoin d'objectiver la parole qu'il entend. Sa démarche le mène donc vers autrui pour valider l'appel reçu et pour finalement nommer correctement l'expérience vécue. Dans l'expérience de Dieu, autrui est un tiers impliqué, pas uniquement par le moyen du guide spirituel, mais plus profondément parce que l'expérience de Dieu renvoie à la totalité de l'expérience humaine. Nous expliciterons ce point plus loin dans le présent volume. Il y a souvent une représentation de la foi comme fuite du monde et comme mise à part de la société. Il ne faut pas voir cette rupture comme une coupure ou une indifférence à l'égard d'autrui, auquel cas la foi deviendrait l'individualisme suprême. Au contraire, la rencontre de Dieu est toujours vocation, elle universalise le rapport à autrui.

Enfin, le récit d'Élie illustre deux aspects importants de la quête de Dieu. « Prends ma vie, car je ne vaux pas mieux que mes pères. » Nous sommes en présence d'une expérience de maturité qui suit la perception des échecs personnels. Élie a peur. Il est en fuite. Il comprend la limite inhérente à sa propre vie. Quand on est jeune, on est toujours convaincu d'être meilleur que ses ancêtres. Et puis vient l'heure où il faut commencer à faire son bilan et à s'apercevoir qu'on a répété les défauts du père ou de la mère, en voulant précisément les nier. On pensait refaire la société et on s'est rangé. On pensait réinventer l'amour et on divorce à son tour. On pensait réussir son fils et le voici en prison. On a alors comme le goût de baisser les bras. D'abdiquer. De se coucher dans la mort ou de pactiser avec sa propre médiocrité. Loin de l'enfermer dans sa déprime et son introspection, la rencontre de Dieu propulse Élie à nouveau vers l'avant. « Lève-toi et mange. » Élie préférerait dormir et oublier. Mais la Parole le secoue et le force à aller au-delà. Alors il se lève et marche jusqu'à l'Horeb. L'expérience de la foi est rarement une expérience d'enfance. C'est comme une expérience de maturité, la maturité qui vient après le passage à vide de l'âge adulte.

Le récit de l'Horeb, à son tour, amène un triple discernement de l'expérience de Dieu. La vision est donnée sous la forme d'une théophanie : l'ouragan, le tremblement de terre, le feu, puis la brise légère. Manifestement, le texte fait allusion au récit de la genèse où l'on raconte que Dieu « se promenait dans le jardin au souffle du jour » (Gn 3, 8). Dans l'imaginaire populaire, c'est souvent dans la force et la puissance que Dieu se manifeste, dans ce qui terrifie et annonce la mort et la destruction. Dans le présent récit, Dieu n'est ni dans l'ouragan, ni dans le tremblement de terre, ni dans le feu. C'est dans la douceur de la brise légère, symbole de naissance et de création, que Dieu cache sa présence. Le vent est le symbole de ce qui souffle, de ce qui donne vie. La Bible dit aussi esprit de Dieu, Esprit de Dieu. C'est Dieu lui-même qui se dit et qui parle au cœur de la personne croyante, au-delà de l'extériorité des symboles. Nous ne serions pas conduits vers Dieu par les seules forces extérieures (ouragan, orage, tremblement de terre, feu, etc.) s'il n'y avait aussi un souffle intérieur qui nous guide vers la source et ne murmurait au cœur le chemin qui mène à Dieu. « Vous ne vous êtes pas approchés d'une réalité palpable, feu qui s'est consumé, obscurité, ténèbres, ouragan, son de trompette, et bruit de voix ; ceux qui l'entendirent refusèrent d'écouter davantage la parole » (He 12, 18-19).

Enfin, on remarquera que, dans tous ces récits, c'est Dieu qui prend l'initiative. Dans la perspective biblique, l'être humain ne prend jamais les devants, même s'il arrive, comme dans le cas d'Anne, que l'extrême de la douleur fasse sombrer dans la détresse spirituelle : « Pleine d'amertume, elle adressa une prière au Seigneur en pleurant à chaudes larmes » (1 S 1, 10). Dans les récits de vocation, c'est toujours Dieu qui agit le premier. Dieu n'est pas au terme d'une démarche humaine de sagesse comme si l'être humain pouvait mettre la main sur lui. La perspective est toujours celle de la gratuité, de la grâce, du salut. Dieu fait les premiers pas, Dieu appelle,

Dieu convie, étant bien entendu par ailleurs que les personnes individuellement appelées sont une figure de la multitude. Les récits ne sont pas de simples récits de conversion individuelle. Ils sont toujours des récits de vocation : choisis par Dieu, Élie, Jacob et Samuel sont mandatés pour une mission que Dieu leur confie pour le salut du peuple. La foi dont il est question ici n'est pas une réalité individualiste pour le salut personnel d'Élie, de Jacob et de Samuel, comme on le voit abondamment aujourd'hui alors que les croyants confient leur état d'âme et leurs propres convictions. Cette perspective psychologique n'intéresse pas la tradition biblique, bien qu'on la retrouve très souvent au niveau de la prière dans les psaumes. La révélation de Dieu à certains personnages et l'offre d'alliance s'inscrivent dans une perspective collective. Les « initiés » de Dieu, si l'on peut dire, sont envoyés vers le peuple et entrent dans l'histoire du salut. Pour utiliser une symbolique traditionnelle, ils n'obtiennent pas le salut de leur âme. Ils sont plutôt propulsés vers une tâche qui les dépasse et qui correspond à une volonté de Dieu sur eux. Toute vocation se traduit en responsabilité.

6 *Un Dieu philanthrope ?*

Le paradoxe de la foi chrétienne c'est qu'elle témoigne d'un Dieu qui s'intéresse à l'humanité. Que l'humanité s'intéresse à Dieu, cela paraît assez normal puisque Dieu est perçu en haut, au sommet de la création. Dans la pensée grecque, par exemple, il faut se détacher des réalités charnelles pour monter au niveau supérieur vers les réalités spirituelles. On a alors une représentation de l'existence selon plusieurs niveaux de l'être. Au plus bas, les réalités strictement physiques et la vie charnelle de l'être humain. Puis, la vie intellectuelle et les soucis de l'âme. Enfin, au-dessus, le monde divin vers lequel on s'élève peu à peu.

À la limite, ces représentations sont fausses et nous amènent vers une espèce de manichéisme où il y aurait deux réalités, l'une bonne, l'esprit, et l'autre mauvaise, la matière ou le corps. En ce cas, la création de l'être humain serait une chute, son entrée dans le monde charnel, et l'idéal serait de s'évader hors de la réalité charnelle vers une sphère immatérielle dont l'âme est le symbole. « Je n'ai qu'une âme qu'il faut sauver. »

Il ne faut pas trop se moquer de ces représentations. D'abord elles ont eu une immense fortune au sein de la spiritualité chrétienne, où le corps était jugé suspect. Il suffit de penser à l'éloge de la virginité, à la peur du sexe, à l'importance de la mortification, au rappel constant de mépriser son corps pour affirmer son âme. Par ailleurs, même en faisant la part des choses, il faut bien convenir du caractère complexe de l'expérience humaine et de la tension entre le corps et l'âme, ou entre le corps et l'esprit, entre le dedans et le dehors, entre l'expérience corporelle et l'expérience humaine intégrale (sur ce point, voir mon livre *Dans le miroir du monde*). Il n'y a pas de maturité humaine sans maîtrise du corps, sans étude, sans discipline, sans ascèse. Pour devenir pianiste, il faut faire ses gammes. Pour savoir chanter, il faut placer la voix et apprendre à respirer. Pour écrire, il faut étudier la grammaire et acquérir le vocabulaire. Et ainsi de suite. Il y a constamment une prise en main de soi par soi-même. Il faut que la matière brute de ce que l'on est soit transformée par la volonté du sujet pour qu'on puisse devenir quelqu'un. Sinon, on reste un pantin, aliéné par ses pulsions corporelles ou par la tyrannie d'une vie psychique mal intégrée.

La société de consommation nous donne des exemples par millions de gens aliénés par leur consommation et incapables de maîtriser leurs pulsions. C'est le drame de notre époque : la surabondance matérielle d'une part et une telle pauvreté intérieure de l'autre.

Dans une pensée de type dualiste, on monte vers Dieu en s'éloignant du corps et des réalités matérielles. On conquiert Dieu par ses propres forces, on s'élève vers lui par la discipline, le contrôle de soi et la méditation. Pour utiliser une terminologie chrétienne, le salut se réalise alors par les œuvres.

La perspective chrétienne est radicalement différente. Elle parle de grâce et de gratuité ; elle rappelle constamment l'initiative de Dieu. Elle révèle un Dieu qui s'intéresse à l'humanité et dont le propre est d'être tourné vers les humains. La lettre de Paul à Tite évoque la « bonté de Dieu notre Sauveur et son amour pour les hommes » (Tt 3, 4). Le mot grec est « philanthropie ».

Dans le langage et la prédication courante, le mot salut renvoie au mot péché. L'humanité est captive du péché, enfermée dans le mal et ne peut être délivrée de cet esclavage que par le don gratuit de Dieu. D'où l'insistance de certains prédicateurs pour rappeler le mal et le péché et crier vers Dieu pour obtenir le salut. D'où également, dans le passé, une pédagogie et une pastorale de la peur pour inculquer la crainte de la perdition et exciter le désir du salut. Voici une prière que suggérait *L'imitation de Jésus Christ* (3, 52, 1) :

> Seigneur, je ne mérite point que vous me consoliez et que vous me visitiez ; ainsi vous en usez avec moi justement, lorsque vous me laissez pauvre et désolé. Quand je répandrais des larmes aussi abondantes que les eaux de la mer, je ne serais pas encore digne de vos consolations. Rien ne m'est dû que la verge et le châtiment.

L'ouvrage cité date du Moyen-Âge et s'adresse à des moines. Mais il est un bon exemple d'une spiritualité doloriste, obsédée par le péché et par l'ascèse. Vision perverse (masochiste) de Dieu où plus Dieu aime, plus il fait souffrir.

Le récit de Moïse

Le récit fondamental concernant le salut est celui de Moïse. Le clan issu d'Abraham est allé vivre en Égypte où, peu à peu, il est devenu un peuple soumis assigné aux tâches pénibles. Moïse, qui garde les moutons pour son beau-père Jéthro, est intrigué par un buisson qui brûle sans se consumer. Il s'approche et une voix lui dit :

> Je suis le Dieu de ton père, Dieu d'Abraham, Dieu d'Isaac et Dieu de Jacob. [...] J'ai vu la misère de mon peuple en Égypte et je l'ai entendu crier sous les coups de ses chefs de corvée. Oui, je connais ses souffrances. Je suis descendu pour le délivrer de la main des Égyptiens et le faire monter de ce pays vers un bon et vaste pays, vers un pays ruisselant de lait et de miel.
> *(Ex 3, 6-8)*

Moïse reçoit ensuite la mission d'aller parler à Pharaon pour entreprendre la délivrance d'Israël au nom de Dieu. Peu chaud à l'idée de cette tâche, il prévoit l'objection des Israélites eux-mêmes à sa mission : « "S'ils me disent : Quel est son nom ? que leur dirai-je ?" Dieu dit à Moïse : "Je suis qui je serai." Il dit : "Tu parleras ainsi aux fils d'Israël : Je suis m'a envoyé vers vous." » (Ex 3, 13-14)

On connaît la suite. Le refus et l'obstination de Pharaon, les dix plaies d'Égypte, puis la sortie d'Égypte (la pâque), de nuit, par la route de la mer des Roseaux, le passage miraculeux et théâtral de la mer Rouge, puis la longue errance au désert avant l'entrée dans la terre de Chanaan. L'important ici n'est pas de faire la part de l'histoire et de la légende, mais de comprendre l'enseignement sur Dieu et sur la foi que propose le texte.

D'abord, Dieu se présente comme le Dieu de l'histoire, le Dieu des pères, d'Abraham, d'Isaac et de Jacob. Il y a là quelque chose de très concret, de très incarné qui illustre en même temps une initiative de sa part. « Je l'ai entendu crier sous les coups de ses chefs de corvée. »

Le deuxième aspect à signaler, c'est la révélation du nom. Dire son nom, c'est révéler son identité et donc à la fois créer une intimité et tisser des liens. Le nom de Yahvé (YHVH) doit rester secret au point qu'il n'est jamais prononcé. Il peut signifier un présent (je suis qui je suis), ou un futur (je serai qui je serai). La première interprétation insiste sur l'identité, la seconde sur l'action. C'est par son action que Dieu se révèle. C'est dans la délivrance d'Israël qu'il se dévoile comme un Dieu épris de justice et de liberté.

Le troisième point à signaler, c'est le caractère concret du salut. Le salut, c'est la sortie de l'esclavage. C'est quitter la terre d'Égypte et le joug du pharaon pour aller vers la Terre promise. Cette terre promise est profondément ambivalente, car elle est à la fois une terre plus belle que la réalité, un pays où coulent le lait et le miel, une terre fertile où l'eau abonde et où il fera bon vivre, un véritable pays de cocagne. Mais c'est aussi une terre qu'il faut atteindre au prix d'une liberté chèrement acquise. Affronter le péril et la mort, fuir, traverser la mer avec les troupes à ses trousses, puis errer quarante ans au désert. Autant l'espérance engage à l'audace, autant la réalité sera difficile et mettra la foi à l'épreuve.

Quand Moïse scellera l'alliance dans la rencontre du Sinaï (Ex 19), il en fixera les termes sur les tables de pierre de la Loi. L'ambiguïté et la subjectivité de la rencontre avec Dieu cèdent ici la place à l'extrême exigence de la Loi. « Tu n'auras pas d'autres dieux face à moi [...]. Que du jour du sabbat on fasse un mémorial. [...] Tu ne commettras pas de meurtre [...]. Tu ne voleras pas » (Ex 20, 3.8.13.15). Toute l'histoire d'Israël sera faite de nostalgie du retour en arrière (il s'ennuie des oignons d'Égypte et de la relative sécurité d'alors) et d'oubli des exigences de l'alliance : retour à l'idolâtrie, abandon de la justice et de l'équité. Le salut pour Israël est à la fois concret, charnel et spirituel. Il est une libération dans l'histoire et à ce titre il ne cessera jamais d'être revendiqué par tous ceux qui cherchent à fuir une situation d'aliénation, qu'il s'agisse des Noirs d'Amérique ou des paysans du Mexique et du Brésil. L'Exode n'est pas seulement un événement d'il y a environ 3250 ans. C'est un événement toujours recommencé et c'est pour tous les peuples de la terre que le salut commence par la libération. Mais le salut est aussi autre chose. Une terre promise, certes, mais une terre qui n'est jamais tout à fait la terre rêvée et fantasmée.

Le salut, c'est une alliance nouvelle avec Dieu qui suppose un contrat et une loi. C'est reconnaître le Seigneur et le servir. Et c'est aussi mettre en œuvre la justice, laquelle justice, on le sait, est toujours à recommencer. Tant qu'elle reste dans l'ordre idéal, la justice est parfaite. Quand elle prend forme dans un ordre établi, elle connaît des distorsions. Les droits des uns deviennent l'irritant des autres et ceux qui s'approprient les règles du jeu deviennent vite les maîtres et les puissants. C'est pourquoi le salut est toujours eschatologique, toujours à recommencer. « Ainsi toujours poussés vers de nouveaux rivages, ne pourrons-nous jamais jeter l'ancre un seul jour ? » Le salut, c'est une certaine proximité avec Dieu, un état de grâce. Et c'est une promesse efficace, quoique fragile, de libération et de respect pour les plus pauvres.

Quand on lit l'Exode et même les prophètes, on reste toujours étonné par la dimension socio-historique et même ethnique de la représentation du salut. Une terre, une société, un État et même souvent carrément une volonté de dominer sur la terre entière. La vision d'un avenir absolu est toujours teintée d'une contemplation de Jérusalem au centre du monde, comme en témoigne un poème qui prend place vers la fin du livre d'Isaïe.

> Mets-toi debout et deviens lumière, car elle arrive, ta lumière : la gloire du Seigneur [...]. Alors tu verras, tu seras rayonnante, ton cœur frémira et se dilatera, car vers toi sera détournée l'opulence des mers, la fortune des nations viendra jusqu'à toi.
> *(Is 60, 1-5)*

On pourrait citer un nombre considérable de textes à l'appui, où la perspective ethnocentrique cristallise une espérance qui s'élargit aux confins de la terre. Il a fallu finalement plus d'un millénaire au sein de la tradition biblique pour que la notion de salut s'intériorise, s'épure, s'universalise sans devenir pour autant une notion abstraite ou éthérée.

Le salut en Jésus

Jésus, dont le nom signifie Dieu sauve, n'a pas beaucoup utilisé le mot salut, bien que les évangélistes y fassent référence. « Le Fils de l'homme est venu chercher et sauver ce qui était perdu » (Lc 19, 10). À la femme atteinte d'un flux de sang, Jésus déclare : « Ma fille, ta foi t'a sauvée. Va en paix » (Lc 8, 48).

La prédication de Jésus est en réalité inséparable de l'annonce du royaume des cieux, ou royaume de Dieu. Au fond de ce concept, il y a une allusion à l'organisation politique du pays, au temps idéal où régnaient David et Salomon. Quand les prophètes annoncent un messie, à venir, ils le voient sous la figure d'un roi qui dirigera Israël sous la gouverne de Dieu. Au long des siècles, le thème se spiritualise et vise moins une situation politique concrète (et théocratique) qu'une réalité spirituelle, à savoir la proximité de Dieu.

Jésus parle abondamment du royaume de Dieu, soit directement, soit sous la forme des paraboles qui suggèrent et font voir : le royaume des cieux est semblable à... En Luc, nous avons droit à un beau récit d'inauguration de la prédication de Jésus qui fait très bien le lien avec l'héritage des prophètes.

> Il vint à Nazara où il avait été élevé. Il entra suivant sa coutume le jour du sabbat dans la synagogue, et il se leva pour faire la lecture. On lui donna le livre du prophète Isaïe, et en le déroulant il trouva le passage où il était écrit :
>
> L'Esprit du Seigneur est sur moi
> parce qu'il m'a conféré l'onction
> pour annoncer la Bonne Nouvelle aux pauvres.
> Il m'a envoyé proclamer
> aux captifs la libération
> et aux aveugles le retour à la vue,
> renvoyer les opprimés en liberté,
> proclamer une année d'accueil par le Seigneur.
>
> Il roula le livre, le rendit au servant et s'assit ; tous dans la synagogue avaient les yeux fixés sur lui. Alors il

commança à leur dire : « Aujourd'hui, cette écriture est accomplie pour vous qui l'entendez. »
(Lc 4, 16-21)

À remarquer ici les dimensions sociales inscrites dans le texte : bonne nouvelle aux pauvres, délivrance aux captifs, vue aux aveugles, liberté aux opprimés. Le texte d'Isaïe est à forte teneur sociale, le genre de proclamation que n'aiment guère les autorités en place plus sensibles aux défauts et carences des catégories de gens évoquées : analyse simpliste de la réalité, accusations faciles et globalisantes, absence de cohérence au niveau du vécu personnel, agressivité dans le ton. Jésus ne commente pas le texte. Il affirme simplement : « Aujourd'hui, cette écriture est accomplie pour vous qui l'entendez » (Lc 4, 21).

En un sens, Jésus n'apporte pas une théorie nouvelle à la compréhension du salut. Il actualise le salut, il le rend présent ici et maintenant. Le royaume de Dieu n'est plus simplement une réalité à venir dans un temps incertain, dans vingt ans, cent ans, mille ans, c'est une réalité ici et maintenant, aujourd'hui accomplie grâce à sa présence. Mais c'est tout de même une réalité mystérieuse : précieuse comme un trésor caché, enfouie comme une semence et donc soumise aux aléas des saisons, semence minuscule qui peut donner un grand arbre, réalité secrète qu'on dévoilera au grand jour, instance ultime de jugement où la vérité des êtres apparaîtra enfin.

Le royaume est ici présent. Mais il est aussi à venir. Il est dans le présent de la vie, là où nous optons pour la vie ou pour la mort, pour l'amour ou la haine, pour la justice ou l'oppression, pour la vérité ou le mensonge. Mais il est aussi à venir parce que la vie et l'histoire suivent leur cours et que la fin n'arrivera qu'au moment choisi par le Père, moment que même le Fils ne connaît pas.

En un sens, le salut dans la pensée de Jésus, c'est la venue du royaume de Dieu. C'est finalement la présence même de Dieu, c'est l'amour de Dieu répandu en nos cœurs, c'est à la fois la tendresse, la joie, la paix. C'est aussi le pardon des péchés, l'oubli des injures, la prise en charge des plus pauvres et des plus faibles, le respect de la justice. Ici les fruits sociaux sont inséparables des fruits spirituels. Il ne saurait y avoir une expérience mystique du Dieu qu'on ne voit pas sans une tendresse concrète à l'égard des frères et sœurs que l'on voit et que l'on côtoie.

On peut percevoir ici la distance entre Jésus et Moïse. Moïse vise d'abord une réalité socio-politique, l'appropriation d'un territoire par un groupe social, sous la forme d'une libération, d'une marche et d'une conquête, dans une perspective religieuse bien sûr. Jésus assume tout l'héritage ancien et le dégage de certains de ses oripeaux historiques.

Actualisé dans le royaume de Dieu, le salut est à la fois une réalité spirituelle et une réalité concrète. Réconciliation avec Dieu, accès à l'intimité de Dieu (« Dieu a envoyé dans nos cœurs l'Esprit de son Fils, qui crie : Abba – Père ! » Ga 4, 6), pardon des péchés (ce dont témoignent les guérisons corporelles, signes de la guérison intérieure), poursuite concrète de la justice et de l'amour, le salut inaugure une vie nouvelle. Quiconque a la foi et confesse que Jésus est Sauveur entre dans le royaume de Dieu. « Aujourd'hui, tu seras avec moi dans le paradis » (Lc 23, 43). Le mot paradis n'est pas identique au mot royaume, mais il se situe dans le même contexte. Le but toutefois n'est pas l'instauration d'un État : plus simplement la pratique du partage et de la tendresse.

La Bonne Nouvelle

La Bonne Nouvelle proclamée par Jésus est finalement celle de l'amour de Dieu. Car Dieu est amour (1 Jn 4, 8). En Jésus, Parole de Dieu faite chair en notre histoire, Dieu nous dévoile le secret de son intimité. Le salut, c'est finalement l'amour de Dieu partagé et rendu accessible. C'est cela, la Bonne Nouvelle, qui est à la fois libération, pardon des péchés et accès à la vie même de Dieu. « Moi, je suis venu pour que les hommes aient la vie et qu'ils l'aient en abondance » (Jn 10, 10).

Jésus ne prolonge pas simplement la foi de Moïse. Il l'actualise et la transforme. L'évangile de Matthieu prend plaisir à présenter Jésus comme un nouveau Moïse à la fois fidèle à l'héritage mais aussi très dégagé. « On vous a dit, moi je vous dis. »

La foi en Jésus

Jésus ne rappelle pas simplement les exigences anciennes. Il se présente lui-même comme objet de la foi. Il ne s'agit plus seulement de croire en Dieu, ce que demande tout prophète. Il s'agit de croire en Jésus. C'est pratiquement le propre de l'évangile de Jean que de proposer Jésus lui-même comme objet de la foi. « Vous croyez en Dieu, croyez aussi en moi » (Jn 14, 1). « Dieu, en effet, a tant aimé le monde qu'il a donné son Fils, son unique, pour que quiconque croit en lui ne périsse pas mais ait la vie éternelle » (Jn 3, 16).

La révélation que Jésus fait de Dieu, qu'il appelle Père, est bouleversante. Ce Dieu est tourné vers l'humanité. Toutes les images de justice, de punition et de condamnation si abondamment répandues sont finalement inadéquates à dire ce que nous pouvons appeler le projet de Dieu sur l'être humain. L'Évangile de Luc raconte des histoires de gens, ou de biens, perdus et retrouvés qui mettent en évidence la bonté prévenante de Dieu. Ainsi l'histoire de la brebis perdue. Le berger abandonne les quatre-vingt-dix-neuf autres pour chercher celle qui est perdue. « Et quand il l'a retrouvée, il la charge tout joyeux sur ses épaules » (Lc 15, 5). Ainsi l'histoire de la femme qui a perdu une drachme et qui balaie pour la retrouver. « Réjouissez-vous avec moi, car je l'ai retrouvée la pièce que j'avais perdue ! » (Lc 15, 9) Ainsi de l'histoire des deux fils dont l'un est prodigue. « Comme il était encore loin, son père l'aperçut et fut pris de pitié : il courut se jeter à son cou et le couvrit de baisers » (Lc 15, 20). Le fils fidèle se rebelle. Mais le père de répondre : « Il fallait festoyer et se réjouir, parce que ton frère que voici était mort et il est vivant, il était perdu et il est retrouvé » (Lc 15, 32). Les trois paraboles pointent vers le même enseignement : la prévenance de Dieu et la joie du retour de ce qui était perdu.

La foi chrétienne réside en ceci que ce n'est pas tant l'homme qui cherche Dieu que Dieu qui cherche l'homme.

Elle réside aussi dans le dévoilement scandaleux qui est fait du mystère de Dieu. En venant vers l'être humain, Dieu renonce à sa force. Il abdique de sa puissance et de sa grandeur pour se rendre accessible. Christian Bobin a cette belle formule : « le très-bas ». Alors que nous avons la tendance de voir Dieu dans la force et la puissance, comme le Très-Haut, c'est en renonçant à la force que Dieu se dévoile et peut dire son amour. Cela est déjà vrai dans la venue de Dieu en chair humaine. « Et le Verbe s'est fait chair et il a habité parmi nous » (Jn 1, 14). Mais cela est davantage illustré dans le don que Jésus fait de sa vie. Le montre bien une hymne qui était probablement chantée par la communauté primitive et que Paul a insérée dans sa lettre aux Philippiens :

> Lui qui est de condition divine
> n'a pas considéré comme une proie à
> saisir d'être l'égal de Dieu.
> Mais il s'est dépouillé,
> prenant la condition de serviteur,
> devenant semblable aux hommes,
> et, reconnu à son aspect comme un homme,
> il s'est abaissé, devenant obéissant jusqu'à la mort,
> à la mort sur une croix.
> *(Ph 2, 6-8)*

Ce mouvement d'abaissement s'appelle la *kénose*. C'est le processus par lequel Dieu se vide de lui-même pour rendre l'amour possible. Dieu renonce à être Dieu pour devenir homme et devenir Dieu-pour-nous.

Il ne faut donc pas s'étonner que dans l'enseignement de Jésus il y ait une telle insistance sur le service, sur le renoncement à soi-même, sur le choix de la dernière place. Il ne s'agit pas ici d'une mystique doloriste ou d'un masochisme pervers. Il s'agit plutôt d'une route de liberté et du chemin de l'amour. Il ne s'agit pas d'une imposition morale ni d'un triste devoir, mais d'une façon de ressembler à Dieu. Jésus a choisi la dernière place parce qu'au fond c'est celle-là qui rend l'amour possible (un amour évidemment dépouillé d'éventuelles perversions psychiques morbides). Charles de Foucauld aimait répéter que Jésus a si bien pris la dernière place que nul n'a pu la lui ravir. Sur ce point, l'évangile de Jean raconte une belle histoire, celle du lavement des pieds :

> Quand il leur eut lavé les pieds, qu'il eut repris ses vêtements et se fut remis à table, il leur dit : « Comprenez-vous ce que j'ai fait pour vous ? Vous m'appelez "le Maître et le Seigneur" et vous dites bien, car je le suis. Dès lors, si je vous ai lavé les pieds, moi, le Seigneur et le Maître, vous devez vous aussi vous laver les pieds les uns aux autres. »
> *(Jn 13, 12-14)*

Et le problème du mal ?

Dans la présentation que l'on fait de la foi et du salut, nous insistons souvent sur le mal et ce que l'on appelle le péché originel. C'est à partir du mal et de ses symboles associés que nous présentons la foi en Jésus comme un salut. N'est-ce pas d'ailleurs ce que fait explicitement l'Apôtre dans la lettre aux Romains où il trace un long portrait de la perdition humaine en Adam, puis un portrait du salut en Jésus.

Cette séquence perçue comme naturelle, allant de soi et pédagogique a pour effet pervers de nous braquer sur le mal. C'est entre autres choses la méthode préférée des médias qui n'en finissent plus de nous donner des documentaires-chocs pour heurter la conscience et provoquer le lecteur-auditeurspectateur. Voyez ces campagnes de publicité de la Société de l'assurance automobile du Québec avec plein de sang et d'accidents mortels qui n'ont finalement aucun résultat sur les conduites des gens. C'est encore la méthode préférée des écologistes qui répètent constamment la chronique d'une mort annoncée. On ne fait pas de bonne littérature avec de bons sentiments, ni de nouvelles avec une bonne nouvelle. Sur ce point, l'évangile aurait-il fait fausse route en nous annonçant une bonne nouvelle ?

J'ai pourtant la conviction qu'on ne va pas à la grâce à partir du péché, mais que c'est à partir de la grâce qu'on découvre le péché. Une personne isolée et malheureuse cherche l'amour, c'est évident. Mais ce n'est qu'en découvrant l'amour qu'elle comprend réellement sa situation antérieure. « Ceux qui n'ont jamais connu le bonheur sont moins malheureux que ceux qui l'ont perdu » dit la chanson. C'est en entrant dans l'expérience de Dieu et de sa grâce que nous pouvons « intuitionner » ce qu'est un monde sans salut.

Il faut dire de notre époque qu'elle se veut un monde de l'innocence retrouvée. Austère et rigoureuse, la morale traditionnelle s'amusait à dénombrer les péchés. Le rappel de la loi attise la convoitise et nous enferme alors dans un cercle infernal. Paul analyse cela avec beaucoup de finesse :

> Je n'ai connu le péché que par la loi. Ainsi je n'aurais pas connu la convoitise si la loi n'avait dit : *Tu ne convoiteras pas.* Saisissant l'occasion, le péché a produit en moi toutes sortes de convoitises par le moyen du commandement. Car, sans la loi, le péché est chose morte. *(Rm 7, 7-8)*

Notre période est subtile en ce qu'elle se réclame d'une nouvelle innocence. Il n'y a plus de loi, donc plus de faute. Plus d'interdit. Il n'y a plus que des inattentions, des erreurs par manque de connaissance, des aliénations attribuables aux manques des autres à notre égard. Il n'y a donc plus de sujets libres et responsables, mais simplement des gens sous influence. Pourtant, si l'on voit tant de malheurs dans la vie, tant de femmes et d'enfants abandonnés, tant de meurtres, tant de solitude, il faut tout de même constater qu'ensemble nous restons en deçà de nos attentes, comme si nous ne parvenions pas à être ce que nous pourrions, j'allais dire ce que nous devrions être. Est-ce la faute de l'État, du capitalisme, des structures sociales ? Cette situation de demeurer en deçà de notre projet d'être, Paul, dans son analyse très subtile, l'appelle précisément péché. Non pas un péché personnel, mais une situation de fait qui contraint nos possibilités :

> Ce n'est donc pas moi qui agis ainsi, mais le péché qui habite en moi. Car je sais qu'en moi – je veux dire dans ma chair – le bien n'habite pas : vouloir le bien est à ma portée, mais non pas l'accomplir, puisque le bien que je veux, je ne le fais pas et le mal que je ne veux pas, je le fais.
>
> (Rm 7, 17-19)

Nous voilà pris dans un cercle vicieux, où le péché personnel n'existe pas et répugne à la conscience de l'innocence, mais où la persistance du malheur et de la défaillance humaine conduit à accuser l'état de choses institué. À noter que sur le plan théologique, c'est précisément cela le péché originel, qui n'est pas simplement la faute d'un seul qui aurait contaminé tous ses descendants, mais plutôt la réalité collective d'une humanité qui reste constamment en deçà d'elle-même à cause du poids de mort des choix de chacun. Évoquant cela, Jean-Paul II a souvent parlé des structures de péché.

Comment sortir du cercle de la loi, du péché, de l'accusation ? Surtout pas en déblatérant contre son époque et en essayant de montrer que tout va de mal en pis. Le péché ne conduit pas à la grâce. Il conduit à l'enfermement dans le mal, au redoublement de la médiocrité. C'est la grâce qui révèle le péché, qui fait comprendre la situation antérieure. « Grâces soient rendues à Dieu par Jésus Christ, notre Seigneur ! » (Rm 7, 25). « Il n'y a donc, maintenant, plus aucune condamnation pour ceux qui sont en Jésus Christ. Car la loi de l'Esprit qui donne la vie en Jésus Christ m'a libéré de la loi du péché et de la mort » (Rm 8, 1-2). Paul opère le retournement des choses. De l'instant où nous percevons le monde comme un monde de grâce où Dieu prend l'initiative, alors tout le regard s'inverse et toute la réalité apparaît autrement. C'est comme passer de la plaine à la montagne et saisir d'un seul regard tout le paysage.

Je suis toujours frappé de voir à quel point les croyants ont tendance à jeter l'anathème sur leur époque et à dénoncer les défaillances de leurs contemporains. Cela se comprend en un sens puisqu'ils aspirent à l'idéal et qu'ils voient avec horreur les sordides combines de la vie courante. Il me semble toutefois impérieux de dépasser ce réflexe d'accusation et de rejet. La foi dans le Dieu révélé par Jésus se caractérise par une conception amoureuse de Dieu. Un Dieu qui fait les premiers pas. Un Dieu qui aime. Un Dieu qui annonce une bonne nouvelle, un salut. Un enfant à l'homme stérile, une terre à un peuple nomade, la joie et la lumière aux aveugles et aux délaissés. Finalement la proximité même de l'expérience de Dieu.

C'est cette réalité nouvelle qui libère en nous la force de l'espérance et qui nous pousse à changer de vie, à changer la vie. Alors seulement on comprend que la vie d'avant n'avait pas toute sa richesse et toute sa densité et qu'elle était marquée d'un certain nombre de manques.

7 *L'extrême du désir*

« *Ton désir, c'est ta prière.* »
(Saint Augustin)

Il n'est pas rare dans un débat que nous observions ce que moi j'appelle une inversion symbolique. Dans le jeu de leur discussion, des adversaires en arrivent à prendre presque le contre-pied de leur pensée profonde et, pour convaincre leur adversaire ou le public témoin, font valoir des arguments qui ne sont pas les leurs. Une expérience m'a beaucoup frappé lors des débats précédant le référendum de 1980. Avec quelques collègues, j'avais organisé des journées de réflexion à l'intention des communautés religieuses sur le thème foi et référendum. À Montréal, Québec, Chicoutimi et ailleurs, nous avons organisé des débats autour des enjeux du référendum. Il ne s'agissait pas de défendre le oui ou le non, mais d'analyser les motifs de l'un et de l'autre, d'en faire valoir les dimensions historiques, sociales, culturelles et d'éclairer les options à partir de certaines valeurs impliquées. Nous faisions venir des politiciens (Marc Lalonde, Gérald Godin, Jean-François

Bertrand, etc.) pour qu'ils expliquent les raisons et les implications de leurs options. Suivaient des ateliers de travail. J'avais pour ma part à procéder à l'interprétation des différents types de discours.

Dans la conjoncture de 1980, au sortir de la révolution tranquille, l'option souverainiste représentait l'audace, la rupture, la nouveauté. Elle brisait le *statu quo* et distribuait autrement la donne politique. À l'inverse, l'option fédéraliste représentait la stabilité, la continuité, le *statu quo*. Or, dans leurs exposés, c'était exactement l'inverse que soutenaient les politiciens invités. Les souverainistes expliquaient longuement par une démonstration à saveur historique que le Canada traditionnel était en fait le Québec d'aujourd'hui et que l'option souverainiste se situait dans le parfait prolongement de l'héritage. Les fédéralistes, à l'inverse, présentaient leur option comme une position de confiance en l'avenir, comme la voie du renouveau, etc. En fait, les orateurs visaient plus à répondre aux objections formulées par leurs adversaires qu'à exposer leurs vraies raisons. Il faut dire au surplus que la moyenne d'âge des publics rencontrés était plus élevée que celle de la population en général et que, sauf à Chicoutimi, le public était largement fédéraliste. D'autres arguments non explicités avaient leur poids, dont en grande partie le refus de la révolution tranquille. Le représentant du oui était menaçant, celui du non rassurant. Mais dans leurs messages, les orateurs faisaient l'argumentation inverse, celui du oui se voulant rassurant, celui du non se décrivant comme innovateur.

Quand je regarde le contenu de la foi chrétienne, je m'aperçois que le corps y occupe une place très importante.

Car, d'une part, nous croyons qu'en Jésus Dieu a pris chair humaine. C'est ce qu'on appelle l'incarnation. Dieu se fait homme pour qu'en retour nous devenions Dieu. D'autre part, nous confessons qu'après sa mort, Jésus est ressuscité, qu'il s'est levé d'entre les morts, corps et âme. Les récits des premiers témoins de la foi insistent sur le fait que le vivant qu'ils ont rencontré est bien le même Jésus qu'ils ont connu avant sa mort. Ce n'est pas un fantôme. Son corps glorieux leur apparaît. Thomas est invité à toucher. Jésus ressuscité est impensable sans son corps, bien que ce corps échappe désormais aux contraintes et aux limites de l'expérience corporelle courante. Il surgit portes closes. Il apparaît et disparaît. Dans l'anthropologie chrétienne, l'être humain est impensable sans son corps. Un salut de l'âme seulement serait un salut tronqué. Il n'y a d'accomplissement de la personne que dans sa totalité, âme et corps. Et c'est bien pourquoi la foi chrétienne affirme la résurrection des corps. « Je crois à la résurrection de la chair et à la vie éternelle. »

Cette croyance formelle dans la réalité du corps et dans son prolongement jusqu'en la vie éternelle confère au corps une importance primordiale :

> Mais, dira-t-on, comment les morts ressuscitent-ils ? Avec quel corps reviennent-ils ? […] On est semé dans la corruption, on ressuscite dans l'incorruptibilité ; on est semé dans l'ignominie, on ressuscite dans la gloire ; on est semé dans la faiblesse, on ressuscite dans la force ; on est semé corps psychique, on ressuscite corps spirituel.
> (1 Co 15, 35. 42-44, BJ)

Remarquez que je ne trouve rien d'ignominieux à être semé comme nous le sommes. Cette version me semble influencée par la traduction latine de saint Jérôme. Émile Osty traduit ainsi : « On est semé méprisable, on se relève glorieux. » C'est déjà mieux. Ce n'est pas le sexe qu'il faut viser ici, mais la condition humaine tout entière.

Comment pareille conception de la permanence absolue du corps, de son parcours depuis cette vie jusqu'en vie éternelle avec les transformations qui s'imposent, a-t-elle pu donner l'obsession de la pureté, la peur du sexe, la suspicion à l'égard du mariage et l'éloge délirant de la virginité, l'insistance sur l'ascèse et parfois même l'acharnement contre soi, voilà qui n'est pas facile à comprendre.

Pour échapper à cette conception méprisante du corps, beaucoup de nos contemporains se tournent vers les religions dites orientales, en partie vers le bouddhisme zen, en partie vers des formes d'hindouisme, en partie vers d'autres variantes difficiles à identifier clairement. Nos contemporains trouvent une consolation dans l'idée de réincarnations successives. Ils y voient un voyage fascinant.

En réalité, dans le bouddhisme zen, l'idéal n'est jamais de se réincarner, mais au contraire d'échapper au cycle des vies recommencées. S'incarner à nouveau, c'est plutôt l'enfer. Il faut en venir à tuer en soi tout désir pour enfin parvenir à l'état de vide intégral, de total détachement de soi et de son corps jusqu'à l'illumination, à la paix ultime qui sera comme une mort. Dans l'hindouisme, les incarnations successives des individus sont le reflet de la rectitude ou non de leur vie précédente. Être pauvre est donc une punition. Être riche, c'est une bénédiction. On favorise ainsi le *statu quo* social et politique et condamne *a priori* toute rébellion. Chacun doit accepter la fatalité.

Dans les deux cas (bouddhisme zen et hindouisme), la référence au corps est péjorative. Dans la réalité pourtant, il en va autrement et l'attention au corps devient extrême. Tous nous avons tâté de ces techniques orientales qui nous conduisent à une conscience nouvelle du corps et de notre présence dans le monde, du yoga au taï-chi. À Vancouver, les architectes doivent désormais intégrer dans leurs plans les diktats de l'Orient : les références aux points cardinaux, les conjonctures positives et négatives, les dates et les lieux favorables, etc.

Curieuse inversion symbolique. Le christianisme exalte le corps, mais le méprise dans ses expressions charnelles courantes, existentielles. L'Orient annonce la fin du désir et cherche la sublimation du corps, mais, dans la réalité, donne au corps et à ses manifestations une extrême importance.

Pauvre moi que voilà ! À qui vais-je donc faire confiance, moi qui pense que le corps est bon et saint ? Mais je sais aussi que le corps est éphémère, à tout le moins fragile et vieillissant. Qui a raison ? Celui qui affirme le corps maintenant pour le nier plus tard ? Celui qui le nie maintenant et l'affirme plus tard ? Aucun des deux, serais-je porté à dire. Il nous faut trouver la cohérence et la continuité entre maintenant et plus tard, entre l'ici-bas et l'au-delà, entre le siècle présent et l'éternité. Plus encore, à mon sens, on ne peut dissocier la référence à mon corps à moi de la référence au corps des autres, celui des pauvres, des malades, des laissés-pour-compte. Mon propos n'est pas ici de polémiquer avec d'autres croyances, mais de saisir la cohérence interne du croire. Comment l'être humain concret que je suis, entièrement immergé dans l'existence présente, vivant à un moment éphémère de l'histoire, moi qui ai commencé d'être dans le ventre de ma mère, qui ai déjà longuement voyagé sur les chemins de la terre et à qui il reste peut-être encore dix, quinze ou vingt ans de vie, moi qui suis fait de chair et de sang, comment puis-je me situer devant cet Autre que j'appelle Dieu ? Comment la négation de ce qui est ici et maintenant et qui fait ma vie pourrait-elle être la voie de ma survie ou de ma vie véritable ? Comment Dieu peut-il être intéressant pour moi si la rencontre ultime avec lui diffère entièrement de ma réalité présente ?

Faut-il, pour naître à la vie, tuer tout désir ? Une sagesse mystique conduit à cela qui laisse entendre que le désir est dans la chair et que la chair est éphémère. Je pense plutôt, comme Augustin, que le désir représente notre vérité profonde et que la foi n'est foi que si elle porte l'absolu du désir devant Dieu.

Une telle affirmation suppose évidemment qu'on établisse une distinction, maintenant classique, entre les besoins et le désir. Les besoins, ce sont les choses nécessaires à la vie, en commençant par les besoins primaires : respirer, manger, boire, dormir ; puis les besoins affectifs : aimer, être aimé, parler, être écouté ; enfin par les besoins de réalisation de soi : produire, engendrer. Les besoins sont sans cesse renaissants, mais leur caractéristique est qu'ils peuvent être satisfaits. Pourtant, satisfaits, ils renaissent ou changent de forme. L'adolescent exige un vélo de montagne, puis une moto, puis une simple auto, puis une auto sport. Chaque réalisation procure une satisfaction ponctuelle et temporaire qui peut amener une déception (ce n'était que cela !), laquelle relance la spirale. Le consommateur compulsif connaît bien cet enfer vers lequel le crédit nous pousse. Chaque nouvel objet apaise le besoin jusqu'à la prochaine déception. Car derrière le besoin apparemment facile à satisfaire, il y a le gouffre béant, l'infinité du désir.

Présent et camouflé dans le besoin, le désir représente la pulsion fondamentale, le véritable moteur de la vie. Il faut dire que *Le Petit Larousse* est ici d'une pauvreté désarmante. Il définit le désir comme « action de désirer » et désirer par « éprouver le désir ». C'est un cercle vicieux. Pire encore, il définit le mot besoin par « désir, envie ». Chez Freud, « le désir apparaît à la fois comme non-dit, vouloir-dire, souhait formulé et non reconnu, ressort ultime de la nature historique de l'homme » (C. Thines et A. Lempereur, *Dictionnaire général des sciences humaines*, Paris, 1975, p. 268). Poursuivant la réflexion, « Lacan le définit comme *désir du désir de l'autre*, c'est-à-dire reconnaissance d'un désir par un autre désir. L'accession d'un sujet au désir suppose qu'il soit reconnu comme être de désir par un autre et pour un autre. »

À mon avis, dans la perspective chrétienne, la foi chrétienne ne conduit pas à la mort du désir, au renoncement à tout désir, mais au contraire à l'affirmation absolue du désir dans le dépassement des besoins et la libération à leur égard.

Et c'est ici que l'image de Dieu comme un Autre, comme tout Autre est essentielle. Très souvent, nous nous situons devant Dieu au simple niveau des besoins. Par exemple, dans la prière, nous lui demandons la satisfaction des besoins courants de l'existence. Cela est tout à fait normal et honnête : « Donne-nous aujourd'hui notre pain de ce jour. » Il n'y a pas de honte à nous reconnaître devant Dieu comme des êtres de besoin. Et nous demandons le pain, le vin, l'emploi, le succès dans nos amours, la bonne entente avec notre entourage, la santé, la paix du cœur. Nous passons des besoins les plus primaires à une certaine sublimation de nos besoins. On le voit bien dans la prière de Jésus à Gethsémani. « Mon Père, s'il est possible, que cette coupe passe loin de moi ! Pourtant, non pas comme je veux, mais comme tu veux ! » (Mt 26, 39)

Au-delà de nos besoins face à Dieu, c'est notre désir de Dieu qui doit naître. Dieu est l'Autre. Devant lui nous nous situons comme des êtres de désir, en désir devant lui et en désir de lui. Mais Dieu n'est pas simplement un autre de plus. Il est le Tout-Autre que nos mots ne peuvent dire adéquatement et que nous nommons sous un triple vocable Père, Fils, Esprit. Dieu est à la fois un Tu face au je qui le prie, – et c'est pourquoi le langage de l'amour et de la relation amoureuse est si fréquent dans la prière – mais ce tu n'est pas le voisin d'en face ni l'ami d'à côté.

Quand je me situe devant Dieu par la foi et dans la prière, je n'abdique pas mon désir. Au contraire, j'affirme mon désir, en le purifiant bien sûr, en le dégageant de la multitude des besoins à travers lesquels le désir prend forme et se révèle à moi. Mon désir devant Dieu, mon désir de Dieu n'est pas de mourir mais de vivre, même si je sais que ma condition charnelle est mortelle. Je veux en lui et devant lui dépasser la mort. Je ne veux pas simplement vivre en lui abstraitement, comme une idée de ce que j'aurai été. Je veux être devant lui comme une personne que le désir n'a jamais délaissée, dont le désir aura été si brûlant que j'aimerais franchir la « limite au-delà de laquelle il n'y a plus de limite » (Claudel). Dans ce contexte, on comprendra bien que ce désir de moi et de moi vers l'Autre ne peut pas faire abstraction de mon corps.

Ce corps qui est le mien sera nécessairement un corps transformé, sublimé, transfiguré, échappant aux contraintes de la biologie et de l'espace-temps. Mais il ne saurait être un autre corps.

Il y a souvent, dans la représentation traditionnelle de la foi, l'image d'une vie ennuyeuse, privée de ses plaisirs, d'une vie en deçà de la liberté. Il nous est arrivé à tous de rencontrer ainsi des croyants et croyantes timorés ayant beaucoup plus la peur de vivre que le goût de vivre. Négation et ratatinement du désir dans l'insatisfaction des besoins ! Je suis plutôt partisan de l'exaltation et l'exultation du désir accompagné d'un dégagement progressif du besoin. C'est cela qui fait épouser à François Dame Pauvreté. C'est cela qui conduit mère Teresa à choisir les laissés-pour-compte, comme tant d'autres le firent avant elle, de Camille de Lellis à Vincent de Paul, à Émilie Tavernier, à Rosalie Cadron-Jetté.

Ton désir, c'est ta prière ; si le désir est continuel, ta prière est continuelle. Ce n'est pas pour rien que l'Apôtre a dit : *Priez sans relâche.* Peut-il le dire parce que, sans relâche, nous fléchissons le genou, nous prosternons notre corps ou nous élevons les mains ?

Si nous disons que c'est là notre prière, je ne crois pas que nous puissions le faire sans relâche.

Il y a une autre prière, intérieure, qui est sans relâche : c'est le désir. Que tu te livres à n'importe quelle autre occupation, si tu désires ce loisir du sabbat, tu ne cesses pas de prier. Si tu ne veux pas cesser de prier, ne cesse pas de désirer. « Ton désir est continuel ? Alors ton cri est continuel. » (Saint Augustin, Homélie sur le psaume 37, *Livre des jours*, 1975, p. 70-71.)

Ce désir immense, inépuisable, insatiable qui nous porte sans relâche au-devant de nous est en fait l'image de Dieu en nous. Dans la symbolique chrétienne, il y a cette idée que l'être humain est image et ressemblance de Dieu. C'est en lui donnant son souffle que Dieu fait émerger l'être humain comme un autre devant lui, comme un centre de liberté et d'amour. Dans le récit de la Genèse, cette altérité de l'être humain devant Dieu est en même temps créatrice de l'altérité humaine elle-même, de la dualité homme-femme. « Dieu créa l'homme à son image, à l'image de Dieu il le créa, homme et femme il les créa » (Gn 1, 27).

Au fond de tout être humain sommeille l'image de Dieu. Et c'est cette image qu'il nous faut retrouver pour accéder à la liberté et permettre au désir de l'exprimer. « Celui qui a purifié son cœur de toute créature et de tout attachement déréglé voit l'image de la nature divine dans sa propre beauté » (Saint Grégoire de Nysse).

Dieu habite en nous et retrouver sous les oripeaux de nos mesquineries la pureté de l'image en nous, apprendre à respirer au souffle même du souffle de Dieu, c'est cela apprendre à vivre et à prier. C'est un peu cela que nous évoquons quand nous parlons de l'Esprit Saint.

8 *Comment reconnaître le Ressuscité ?*

Une religieuse me confiait récemment qu'une mère de sa paroisse avait envoyé son fils au catéchisme en avertissant son petit : « Tu écouteras bien les gens ; mais si on te dit que Jésus est ressuscité, tu ne croiras pas cela. »

J'imagine que, comme tant d'autres, la mère envoyait son petit aux sacrements pour qu'il acquière de bons principes et adopte une bonne conduite. Pour le reste, peu importe. Et surtout pas la résurrection. Pour tant de gens, la foi se résume à la morale, et la morale au conformisme social. Croire ? Croire en qui, croire en quoi ? Croire en Jésus ressuscité ?

Dans le mixage actuel des religions, on pourrait même dire dans l'actuel métissage des dieux et des croyances, il n'est pas simple de savoir en qui et à quoi l'on croit. Les chapitres précédents ont esquissé la complexité du croire, et du croire en Dieu, Père et créateur. Mais que vient donc faire, dans la foi, la personne de Jésus ? « Si le Christ n'est pas ressuscité, dit l'apôtre Paul, notre prédication est vide, et vide aussi votre foi » (1 Co 15, 14).

C'est un truisme de dire que le mot chrétien vient de Christ, un des titres attribués à Jésus. Christ veut dire : oint, celui qui a reçu l'onction. À un premier niveau, Jésus est prophète, un extraordinaire témoin de Dieu, un être véritablement béni de Dieu, consacré par lui pour nous faire entrer dans son mystère. Bien des gens voient en Jésus un initié parmi bien d'autres, même s'ils lui reconnaissent une qualité exceptionnelle. *Primus inter pares,* le premier entre égaux, pourrait-on dire.

C'est à Antioche, un milieu païen, que les premiers disciples ont été désignés du nom de chrétiens. Ils croyaient en Jésus Christ. La première communauté de croyants en Jésus n'a pas nécessairement eu une conscience claire de sa différence d'avec la communauté juive. Ils se sont appelés les saints, la Voie (Ac 9, 2 ; 22, 4), mot parfois rendu par secte ou simplement l'Église, c'est-à-dire l'assemblée. L'épître de Jacques (2, 2) utilise même le titre de synagogue.

À Antioche, les observateurs extérieurs identifient un groupe de gens qui croient au Christ. La note de la Bible de Jérusalem commente ainsi : « En créant ce sobriquet, les païens d'Antioche ont pris le titre de "Christ" (oint) pour un nom propre » (note *e*, à Ac 11, 26). Sobriquet ou pas, cette désignation saisit bien l'identité chrétienne, à savoir la foi en Jésus, Christ et Sauveur.

La foi chrétienne se démarque d'un déisme général en ce qu'elle confesse Jésus comme le chemin essentiel qui mène à Dieu. Si, du dehors, l'homme Jésus peut paraître un prophète comme les autres, pour ceux et celles qui suivent la voie, pour les chrétiens, Jésus est celui que l'on reconnaît comme Christ et Sauveur. Et l'expérience radicale qui fonde ces titres est celle de la résurrection.

La foi en Jésus est une foi au Ressuscité. La résurrection n'est pas simplement un appendice, une consolation ajoutée au grand message moral annoncé par Jésus. Elle est l'essence de ce message, la bonne nouvelle par excellence sans laquelle le message ne serait qu'un moralisme excessif. C'est à partir de la foi en la résurrection de Jésus, ou plutôt dans l'expérience de cette résurrection, que les évangélistes nous transmettent la vie et le message de Jésus.

Les évangiles ne sont pas des reportages mais des témoignages, ce qui ne veut pas dire qu'il n'y a pas de faits historiques derrière ces témoignages. Les récits des évangiles sont une relecture des dits et faits de Jésus depuis la lumière de Pâques. Vivre les béatitudes, aimer ses ennemis, affronter l'adversité, être libre à l'égard du mal est possible parce que Jésus, mort sur la croix, est maintenant vivant. Enlevez la résurrection, le reste s'écroule comme un château de cartes.

Par ailleurs, Jésus appartient à l'humanité. On peut donc le considérer simplement comme un prophète et un sage dans la galerie imposante des nombreux sages de l'humanité. Et c'est déjà beaucoup. On peut voir en lui un rêveur, un révolutionnaire, un mystique, un militant social, un opposant au régime, un critique de toute religion instituée, c'est selon. Jésus a plusieurs visages et le fait même qu'il y ait quatre évangiles, parfois concordants parfois pas, illustre la complexité du personnage. Entrer dans la foi chrétienne, c'est faire un pas de plus. C'est faire de Jésus l'objet même de la foi. Je crois en Jésus, mort et ressuscité, Christ et Seigneur.

Cette foi repose sur le témoignage primordial des premiers croyants et des premières croyantes, qui essaient de dire gauchement, avec leurs mots à eux, cette conviction que Jésus qu'ils ont connu et fréquenté durant sa vie est désormais vivant et que ce Jésus vivant est bien celui qui a prêché et marché avec eux, qui a souffert et est mort. Dieu a fait pour lui quelque chose d'inouï et l'a institué « Seigneur et Christ » (Ac 2, 36). Ce témoignage des Apôtres est fondateur de notre foi. Je n'entreprendrai pas ici la démarche extraordinairement complexe qu'ont suivie les premiers croyants pour s'assurer que ce Jésus vivant est celui même qu'ils ont connu jusqu'à sa mort et que, levé d'entre les morts, il ne va pas mourir à nouveau. Il est entièrement transformé et son état nouveau échappe aux limites habituelles du corps physique.

Mais le croyant que je suis, à deux mille ans de distance, ne peut pas simplement croire à la parole des apôtres. Il faut aussi qu'il puisse valider pour lui-même cette expérience. Entendons-nous : on ne parle pas ici de science, ni d'expérience empirique mesurable et mathématiquement quantifiable. Mais il faut que je m'approprie la résurrection de Jésus pour que je puisse croire à mon tour. Il me faut entrer dans l'expérience. Autrement la foi ne serait qu'un catéchisme. Il me faut entrer dans la foi et donc faire ce passage de la mort à la vie, de la nuit à l'illumination. Il faut que la résurrection de Jésus soit vraie pour moi pour que je croie.

Cette démarche initiatique, expérientielle et critique, est rapportée par Luc dans un récit qu'on appelle « Les pèlerins d'Emmaüs ».

Et voici que, ce même jour, deux d'entre eux faisaient route vers un village du nom d'Emmaüs, distant de Jérusalem de soixante stades, et ils conversaient entre eux de tout ce qui était arrivé.

Et il advint, comme ils conversaient et discutaient ensemble, que Jésus en personne s'approcha, et il faisait route avec eux ; mais leurs yeux étaient empêchés de le reconnaître. Il leur dit : « Quels sont donc ces propos que vous échangez en marchant ? » Et ils s'arrêtèrent, le visage sombre.

Prenant la parole, l'un d'eux, nommé Cléophas, lui dit : « Tu es bien le seul habitant de Jérusalem à ignorer ce qui y est arrivé ces jours-ci ! »

« Quoi donc ? » leur dit-il. Ils lui dirent : « Ce qui concerne Jésus le Nazarénien, qui s'est montré un prophète puissant en œuvres et en paroles devant Dieu et devant tout le peuple, comment nos grands prêtres et nos chefs l'ont livré pour être condamné à mort et l'ont crucifié. Nous espérions, nous, que c'était lui qui allait délivrer Israël ; mais avec tout cela, voilà le troisième jour depuis que ces choses sont arrivées ! Quelques femmes qui sont des nôtres nous ont, il est vrai, stupéfiés. S'étant rendues de grand matin au tombeau et n'ayant pas trouvé son corps, elles sont revenues nous dire qu'elles ont même eu la vision d'anges qui le disent vivant. Quelques-uns des nôtres sont allés au tombeau et ont trouvé les choses tout comme les femmes avaient dit ; mais lui, ils ne l'ont pas vu ! »

Alors il leur dit : « Ô cœurs sans intelligence, lents à croire à tout ce qu'ont annoncé les Prophètes ! Ne fallait-il pas que le Christ endurât ces souffrances pour entrer dans sa gloire ? » Et, commençant par Moïse et parcourant tous les Prophètes, il leur interpréta dans toutes les Écritures ce qui le concernait.

Quand ils furent près du village où ils se rendaient, il fit semblant d'aller plus loin. Mais ils le pressèrent en disant : « Reste avec nous, car le soir tombe et le jour déjà touche à son terme. » Il entra donc pour rester avec eux. Et il advint, comme il était à table avec eux, qu'il prit le pain, dit la bénédiction, puis le rompit et le leur donna.

Leurs yeux s'ouvrirent et ils le reconnurent... mais il avait disparu de devant eux. Et ils se dirent l'un à l'autre : « Notre cœur n'était-il pas tout brûlant au-dedans de nous, quand il nous parlait en chemin, quand il nous expliquait les Écritures ? »
(Lc 24, 13-32)

Trois éléments émergent nettement du récit : l'espérance déçue ou la transformation de l'attente, la relecture à partir des Écritures, la fraction du pain.

Deux hommes vont cheminant et se parlent de leurs espoirs déçus. Ils attendaient la libération d'Israël. Partageant la fébrilité politique de leur milieu, ils espéraient le personnage charismatique qui changerait le cours de l'histoire. C'est ainsi qu'ils avaient perçu le message et l'action de Jésus. Maintenant qu'il est mort, cet espoir s'évanouit et il ne reste plus aux deux marcheurs que la désillusion d'une vie qui s'écoule désormais sans horizon.

Qu'arrive-t-il quand il ne reste plus que le confort et l'indifférence ?

Or voici que dans leur dialogue désabusé, un autre personnage s'inscrit qui les invite à relire leur expérience antérieure. « Quels sont donc ces propos que vous échangez en marchant ? » (Lc 24, 17). Alors l'étranger réinterprète l'espérance déchue à la lumière de l'Écriture. Quel était donc ce royaume attendu ? Qu'en a dit Moïse le fondateur, qu'en ont dit les prophètes ? En quoi la présente crise est-elle plus définitive que les crises précédentes ? En quoi l'échec d'un horizon donné aboutit-il à la négation de tout horizon ?

« Ô cœurs sans intelligence ! » Et l'étranger de reprendre toutes les Écritures qui sont à la fois la méditation religieuse du passé et l'héritage culturel d'Israël. L'horizon qui apparaissait bloqué par la mort ne semble plus si fermé. Désireux de poursuivre la réflexion, les pèlerins d'Emmaüs demandent à l'étranger de demeurer avec eux. « Reste avec nous, car le soir tombe et le jour déjà touche à son terme » (v. 29).

C'est à la fraction du pain que la lumière se fait. L'étranger fait les gestes du dernier repas. « Il prit le pain, dit la bénédiction, le rompit et le leur donna » (v. 30). C'est le texte de la Cène, mais aussi le texte liturgique de l'eucharistie. Alors ils comprennent et le reconnaissent. C'est bien Jésus vivant et présent. « Mais il avait disparu de devant eux » (v. 31). Au moment où ils le reconnaissent, alors l'étranger disparaît. Tant qu'il n'est pas reconnaissable, il semble là et réel : il cause, explique, chemine, partage le pain. Quand les yeux s'ouvrent, il n'est déjà plus là. Nous sommes toujours dans le registre de la foi et non dans celui de l'expérimentation scientifique.

Le récit des pèlerins d'Emmaüs est l'illustration du cheminement des disciples que nous sommes. Ayant entendu parler de l'homme Jésus, nous avons à le reconnaître comme vivant, ressuscité.

Cela suppose une capacité d'aborder la vie dans toute sa densité, dans sa grandeur et ses échecs, y compris dans ses aspects politiques et sociaux, dans ses drames et ses espoirs. La foi ne se situe pas à la frange de l'existence, ou dans un secteur très spécialisé, celui du rite et des choses religieuses. La foi n'est pas une affaire de curés, mais un corps à corps avec l'expérience humaine tout entière.

La foi suppose aussi une capacité de relire sa vie, d'en produire diverses interprétations à la lumière de l'Écriture. Ces Écritures sont pour nous les Écritures saintes, c'est-à-dire la Bible, à la fois Ancien et Nouveau Testament, expérience de Dieu au long des siècles constamment relue et épurée au point de devenir Parole de Dieu, c'est-à-dire forme dialogale entre Dieu et nous. Cette Parole n'est pas un texte figé, mais un lieu d'interprétation et de réinterprétation. L'étranger qui fait route relit l'Écriture. Il commente, explique, interroge, actualise. Il propose des clés d'interprétation. L'Écriture ici n'est pas un texte magique hors du temps, mais un livre sacré qui porte la trace des expériences passées et des lumières pour la situation actuelle.

Ce que nous appelons l'Ancien Testament n'est pas sim-plement un livre, mais une bibliothèque plurielle, complexe, aux genres littéraires différents, parfois scandaleux, parfois obscurs, parfois oniriques, parfois érotiques, où toute l'his-toire d'Israël est constamment ressassée et reprise. L'Ancien Testament d'Israël est aussi notre propre Testament. Mais ce dernier ne saurait se détacher de notre histoire et de notre culture ; il est le terreau où la foi s'enracine toujours et reprend vie. La culture d'un peuple est toujours aussi, en partie, son ancien testament.

Mais il faut aller beaucoup plus loin en ce sens. L'Écriture à laquelle fait allusion le texte de Luc, c'est l'Écriture juive que nous appelons Ancien Testament. Parole de Dieu, elle n'en est pas moins fortement influencée par les littératures avoisinantes, par leurs mythes et récits légendaires, par divers courants culturels.

La triple tradition de la loi, des prophètes et de la sagesse est marquée constamment par ces voisinages. Relire, à la manière des disciples d'Emmaüs, notre vie, nos espoirs et nos espérances déchus à la lumière de l'Écriture, c'est procéder à une herméneutique intégrale qui assume à la fois notre héritage spirituel, notre écriture sainte, mais aussi tout le reste : la culture elle-même dans son extraordinaire diversité, y compris dans ses refus et ses révoltes, et les autres traditions spirituelles de l'humanité.

Dans la situation qui est la nôtre (celle d'une nouvelle évangélisation), nous ne pouvons plus procéder par le moyen de l'exclusion, de l'apologétique comme l'a fait le catholicisme de l'après-Réforme. Il convient au contraire d'aller au-delà des frontières, d'assumer l'inclusion et donc d'accueillir les diverses traditions spirituelles de l'humanité, même si cela implique un certain risque de se perdre.

Enfin, la foi suppose un enracinement communautaire et des rites.

Les disciples d'Emmaüs sont deux et ils sont rejoints par l'étranger, véritable maître initiatique, qui leur permet de cheminer et de marquer leur route vers la lumière. Il les interroge, les guide, les provoque. Et c'est à travers le rite du pain – le repas eucharistique – que tout à coup la lumière se fait.

Échaudés par l'encadrement trop rigide ou trop directif d'une Église ou par le contrôle étouffant d'une secte, nous voudrions souvent une marche purement individualiste vers la foi. Mais c'est une illusion. C'est en posant le rite commun de l'Église que les disciples comprennent que Jésus est vivant.

C'est d'ailleurs ainsi que Thomas passe de l'incrédulité à la foi. Absent de la communauté, Thomas refuse de croire. « Huit jours plus tard, les disciples étaient à nouveau réunis dans la maison, et Thomas était avec eux » (Jn 20, 26). Alors à son tour, Thomas l'incrédule reconnaîtra Jésus vivant. Thomas voit dans le Ressuscité les traits de l'homme Jésus, y compris les traces de sa mort, les mains percées et le côté ouvert. À remarquer qu'à aucun moment l'évangile de Jean ne dit ni ne suggère que Thomas ait mis le doigt sur les mains et la main sur le côté. Thomas répond simplement : « Mon Seigneur et mon Dieu » (Jn 20, 28). La vérification de Thomas ne peut pas être empirique et tactile. C'est le passage à la foi qui valide l'expérience et la confirme.

C'est ainsi qu'à notre tour, à deux mille ans de distance, nous reconnaissons la présence du Ressuscité. Cheminant dans l'histoire, nous relisons inlassablement nos vies, notre héritage, nos amours et nos haines. Nous les situons dans la longue expérience spirituelle des prophètes et de Jésus.

Recevant le témoignage des premiers témoins concernant Jésus de Nazareth levé d'entre les morts, nous percevons avec d'autres, dans l'Écriture et le rite du pain, la présence d'un autre qui se tient devant nous comme le Vivant, le Ressuscité.

Le croyant dit que cela est grâce et illumination. L'incroyant reste au seuil et parlera d'une illusion collective, d'un vouloir-croire imposé par le groupe.

C'est finalement par la dynamique de l'espérance et de la charité que la foi sera validée ou invalidée, qu'elle sera perçue comme illusion ou comme expérience authentique. À la désintégration de leur attente d'un royaume temporel, les disciples d'Emmaüs substitueront l'humble royaume annoncé par Jésus et ouvert aux pauvres et aux assoiffés de justice. À la perspective de la défaite et de la mort, la charité ancrée dans la victoire de Jésus proclamera la vérité ultime de l'amour : « Nous, nous savons que nous sommes passés de la mort dans la vie, puisque nous aimons nos frères » (1 Jn 3, 14).

C'est la capacité d'inscrire sa vie dans l'amour qui confirme la résurrection de Jésus. À la parole du croyant « je crois parce que Jésus est ressuscité », on pourra toujours opposer un « Jésus est ressuscité parce que tu crois ». C'est l'amour qui nous permet de briser ce cercle infernal et qui nous renvoie à la réalité extérieure. La possible illusion de la foi vient se briser sur le mur terriblement concret de l'amour.

9 *Le dehors et le dedans*

Je n'aurais jamais pensé que ma mère
ait pu faire l'amour,
si je n'avais rencontré
cette fille aux yeux clairs
aux seins lourds.
(Chanté par Michel Sardou)

En avançant le présent chapitre sur l'intériorité, je revois le visage d'une jeune femme qui travaillait comme danseuse nue et qui opérait sous le nom de Bianca. Je l'interviewais dans le cadre d'une biographie que j'avais entrepris d'écrire sur l'une de ses compagnes et que je n'ai jamais terminée. Bianca n'était pas tout à fait blanche. Dans la trentaine, mère d'une adolescente, elle avait toutefois l'air d'une petite fille. D'où son nom de scène, Bianca, qui évoque l'innocence et la candeur. Qui donc la payait pour danser ? Qui pouvait être attiré par cette femme-enfant *a priori* si peu provocante ? La réponse tombe bien vite et bien clairement : ses clients étaient des pédophiles.

Toute expérience spirituelle est confrontée à l'expérience charnelle, non seulement à la dimension sexuelle, mais plus profondément à la dimension charnelle. Qu'est-ce que nous cherchons dans l'expérience spirituelle ? Un certain état mental déterminé par la chimie du cerveau ? Nos *feelings* spirituels et nos expériences les plus intérieures ne sont-ils que la projection de simulations sensorielles d'un ordre différent, comme cet état second des amateurs de jogging au-delà d'un certain effort et qui correspondrait à une libération de la mélatonine dans le cerveau ? L'intériorité est-elle alors une illusion ? Et l'intérieur est-il alors la seule réalité ? « Regarde mon corps, tu me vois tout entière » semble dire la danseuse.

Aucune partie de moi n'est inaccessible. Tu peux tout voir, tout toucher. » Mais cela même est un mensonge, car pour éviter d'être détruite par le regard d'autrui, la danseuse se réfugie au fond d'elle-même et s'enferme dans son monde à elle où la saleté des autres ne peut l'atteindre. « Tu crois tout voir de moi. Mais tu te trompes, car je suis ailleurs. »

La métaphore de la danseuse témoigne de la permanence de l'intériorité même là où l'extériorité triomphe. Et l'on peut se demander : « Dieu lui-même a-t-il une extériorité ? » Si Dieu est le Tout-Autre qui transcende tout ce qui n'est pas lui, nous demeure-t-il entièrement étranger et inaccessible ? Ou bien y a-t-il, au sein de Dieu, un secret de Dieu qui assurerait un va-et-vient de Lui à nous, de nous à Lui ? N'est-ce pas cela que l'on nomme Esprit Saint ?

On insiste souvent – et avec raison – sur la distinction entre l'être et l'avoir, entre l'être et le paraître, entre le dedans et le dehors. Parfois, nous durcissons la distinction et l'absolutisons. L'avoir serait la contradiction de l'être, sa dégradation. Le paraître ne serait que pure apparence, absence d'identité. Nous rêvons d'un dedans sans dehors, ou d'un dehors si transparent qu'il ne soit que la pure émanation du dedans.

Certains parlent de corps de lumière. Bien sûr, les maîtres de la vie spirituelle sont sensibles à la primauté de l'être et à la futilité du paraître. Ils militent pour l'être et méprisent l'avoir. Ainsi *L'imitation de Jésus Christ* (3, 31, 5) :

> On demande d'un homme : Qu'a-t-il fait ? Mais s'il l'a fait par vertu, c'est à quoi l'on regarde bien moins. On veut savoir s'il a du courage, des richesses, de la beauté, de la science, s'il écrit ou chante bien, s'il est habile dans sa profession ; mais on ne s'informe guère s'il est humble, doux, patient, pieux, intérieur. La nature ne considère que le dehors de l'homme ; la grâce pénètre au-dedans. Celle-là se trompe souvent ; celle-ci espère en Dieu pour n'être pas trompée.

Si le bon auteur de *L'imitation de Jésus Christ* devait vivre parmi nous, il serait probablement sidéré par nos façons de vivre qui lui paraîtraient barbares, si oublieuses de Dieu, si peu préoccupées de la vie intérieure, mais en même temps si inquiètes de l'apparence extérieure. Tout pour la nature, rien pour la grâce. Tout pour le paraître et l'avoir. Rien pour l'être.

Il y a en tout cela, me semble-t-il, un effet de rhétorique, une part d'illusion et de théâtre. Qui veut passer pour superficiel ? Qui veut passer pour vide ? Qui veut n'être qu'un dehors sans dedans, qu'une apparence sans identité ? Sois belle et tais-toi ? La vérité si lourde à porter, c'est que nous sommes toujours en même temps un dedans et un dehors, un être et un paraître. Pour être, il nous faut un minimum d'avoir et ceux qui prétendent s'en ficher éperdument ont eux-mêmes des biens, ou vivent au crochet d'autrui et n'ont, d'autre part, aucune responsabilité à l'égard de tiers. Le problème n'est pas d'établir la distinction du dedans et du dehors, de l'être et du paraître. Il est de saisir le rapport de l'un et de l'autre.

Teilhard de Chardin, cet immense penseur de la genèse de l'être humain et de l'esprit, pensait que, même au niveau de la pierre, il y a déjà un dedans et un dehors et que le rapport de l'un à l'autre est caractéristique de tous les niveaux de l'existence biologique. Il en faisait même une loi de l'évolution. À son avis, on progresse dans la hiérarchie de l'être suivant la part de plus en plus importante du dedans par rapport au dehors. Il voyait dans la complexité-conscience la clé de l'évolution.

Le défi semble donc de réconcilier la dialectique du dedans et du dehors, de l'être et du paraître et ne pas en faire une opposition absolue. Par exemple, quelle est la distance entre moi (mon dedans) et mon corps (mon dehors) ? Mon corps est ce que l'on voit de moi. Mais mon corps, c'est moi aussi. C'est tout à fait moi. Car c'est moi qui ai mal si je me cogne, moi qui entends, moi qui goûte. Mon corps n'est pas un autre que moi. C'est tout moi dans ma dimension charnelle.

Pourtant, de temps en temps, mon corps m'échappe et me trahit. Il est gauche, il est opaque, il est laid – pas tant que ça, tout de même ! Il a sa lourdeur et n'exprime pas tout à fait ce que je voudrais dire. Parfois, il a ses propres messages que je récuse. Il vieillit et s'use alors qu'au contraire, moi, j'ai l'impression d'acquérir plus d'assurance et de maturité en vieillissant.

Je suis de plus en plus moi au moment où mon corps commence à donner aux autres un message ambigu à cet égard : cheveux blancs, rides, marche moins assurée, maladies chroniques. Mon corps s'use, se défait et m'anéantit au moment où mon être intérieur s'affirme.

En un sens, mon corps est la dimension charnelle de mon âme, et mon âme est la dimension spirituelle de mon corps. Il n'y a pas l'un ou l'autre, mais constamment l'un et l'autre.

Ainsi en est-il d'une manière éminente du visage. Mon visage est la révélation de moi aux autres. Il est ce qu'autrui voit de moi et que je ne vois pas. Car je ne vois jamais directement mon visage. Je puis regarder mes mains, mes bras, mes jambes, mon ventre. Je ne puis voir mon visage, si ce n'est par la médiation d'une photo ou d'un miroir, c'est-à-dire par le moyen d'un objet extérieur à moi-même. Mais je ne vois mon visage que rarement alors que je le livre constamment au regard d'autrui.

En fait, nous hésitons à montrer notre visage à autrui. Le bandit se met une cagoule. Un autre met des verres opaques. Un autre se teint les cheveux, met une casquette ou, spontanément, cache une partie de son visage avec la main. Chez plusieurs nations, la femme se voile alors que l'homme montre son visage. Il y a là un avatar de la tradition biblique ; l'homme serait l'image de Dieu et la femme image de l'homme. Le patriarcat n'est jamais loin derrière !

Les jeunes mâles exhibent leur visage, se défient et se battent volontiers. Notre culture a libéré les mœurs sur ce point. Femmes et hommes vont fièrement tête nue et peuvent montrer leur visage à qui veut le voir. Mais notre visage ne dit pas tout de nous. Il feint, il cache, il ment. Chacun de nous apprend à jouer des muscles des joues, de la bouche, du cou, pour à la fois dire et mentir, dire sa joie, taire sa peur, cacher prudemment sa stratégie, carrément mentir en certaines occasions. Il faut beaucoup d'amitié, de tendresse, d'amour, pour que le visage abandonne ses stratégies de communication établies et se livre en toute simplicité. Car être vrai devant autrui, c'est aussi et presque toujours se rendre vulnérable.

Ainsi donc nous voguons sans cesse du dedans au dehors, du dehors au dedans. Ces choses-là sont tellement complexes. Par exemple, quel est le rapport entre la pensée et la parole qui l'exprime ? Pour se dire, pour prendre corps (encore ?), la pensée a besoin de la parole. Mais la parole n'est jamais pur véhicule. Elle dit, transmet, et partiellement cache et trahit la pensée, ajoutant sa propre opacité à la pure expression de la pensée.

Ainsi le corps à l'égard de l'âme. Ainsi le visage à l'égard de l'identité profonde. Tout est communication. Tout est masque. Tout est dévoilement, tout est distorsion.

Les yeux sont le miroir de l'âme, aimait à répéter mon père. Qu'est-ce qu'on retient d'Audrey Hepburn, cette femme-enfant si peu conforme aux canons de la beauté de son époque, mais dont l'innocence même a établi de nouveaux critères de beauté ? Chez elle, tout est dans les yeux, dans cette naïveté et cette vulnérabilité qui nous semblent si vraies. Tout chez elle semble fragile et les yeux trahissent comme une peur, comme un besoin de protection absolu.

Dans la culture où nous sommes, tout semble englouti dans le paraître. Aucune culture n'a poussé à ce point la publicité, c'est-à-dire le culte du dehors. Mais nulle culture non plus n'a poussé à ce point l'introspection, l'analyse, l'examen raffiné de nos raisons d'agir. Dehors ou dedans ? Dehors parce que dedans ? Dedans parce que dehors ?

Quand je vois de jeunes punks, je les trouve étranges, faux, dangereux. Mais s'ils étaient majorité, c'est moi avec mon veston, et parfois ma cravate, qui paraîtrais menaçant. En voyant leur accoutrement, je perçois certains codes qui régissent leur façon d'être. Mais je risque d'oublier les codes qui régissent ma propre façon d'être. Suis-je donc clairvoyant à leur égard et aveugle envers moi-même ?

L'être et le paraître, le dedans et le dehors sont bien difficiles à partager. Parfois, en voyant certains prêtres mal habillés, j'ai cette pensée : parce qu'ils sont mal habillés, ils se pensent pauvres. Et je revois cette femme si distinguée, et si à gauche, qu'est Madeleine Parent. En fait, le code vestimentaire, comme toutes nos stratégies du paraître, porte l'ambiguïté du dedans et du dehors. Nous savons aujourd'hui à quel point Mao fut un tyran. Son vêtement était simple. Simple mais faux.

Quel est le dedans de Dieu ? Dieu a-t-il un dehors ? Théoriquement non. Dieu est pur esprit, comme disait le catéchisme. Il est dedans sans dehors, être sans avoir, être qui n'a pas besoin de paraître, car tout ce qui paraît disparaîtrait sans lui.

Mais nous, comment connaissons-nous Dieu ? À première vue, cela est impossible puisqu'entre Dieu et nous le fossé est infranchissable. Dieu est tout ce que nous ne sommes pas. Il est éternel, être sans matérialité aucune, pur esprit, échappant aux contraintes et vicissitudes du temps et de l'espace.

Mais alors, comment connaîtrai-je Dieu ? Dieu n'est-il qu'une idée, un principe, une énergie ?

À cette question, la théologie a deux réponses. Je connaîtrai Dieu à la fois du dehors et du dedans.

Je le connaîtrai du dehors par l'expérience de la création. L'œuvre même de la création, son ampleur, son harmonie, sa beauté, sa violence, son impétuosité, son imprévisibilité, tout cela renvoie à plus grand que nous, à un mystère divin qui échappe à nos logiques et à nos contrôles.

Je le connaîtrai aussi du dedans, par l'introspection, par le dedans du dedans qui renvoie au souffle intérieur, par ce que nous nommons l'Esprit, à savoir la présence de Dieu lui-même au plus intime de l'être humain. Dieu habite l'âme de la personne croyante. Il vient vers elle, il entre en elle, il souffle en elle au rythme même de sa propre vie. Je respire et tu respires, pourrait dire le mystique. Tu respires et je respire.

Qu'est-ce qui est de moi, qu'est-ce qui est de lui ? Ici encore, la raison se confond avec la folie, la vérité avec le mensonge. Et pourtant !

En régime chrétien, il n'y a de prière que dans le registre de l'Esprit. Cela veut dire que Dieu lui-même, Père, Fils, Esprit, prend possession de la personne priante et la conduit vers la source ultime de son désir.

114

L'Esprit, dit saint Paul, nous fait crier vers Dieu Abba, Père. Dieu lui-même nous prend en charge et nous introduit dans sa réalité. Dieu est à la fois le dehors, le Tout-Autre vers lequel nous tendons, et le dedans, l'Esprit qui chante en nos cœurs, l'hôte mystérieux de notre âme qui nous fait crier et gémir vers Dieu.

Il y a, chez Édith Piaf, une chanson fabuleuse. « C'est l'amour qui fait qu'on aime, c'est l'amour qui fait aimer. » On peut donner à ces mots un sens platonicien. On peut aussi leur donner un sens chrétien. C'est finalement Dieu lui-même, l'Esprit de Dieu, qui nous conduit vers l'amour et nous apprend à aimer. Bien sûr, nous pouvons toujours réduire cet amour à un *feeling* et finalement à un dehors des perceptions corporelles. Mais nous pouvons aussi le suivre bien au-delà vers l'immensité de Dieu. Qui dira les frontières de Dieu au pays de l'Esprit ? Aimer c'est déjà être dans la mouvance de Dieu.

La croyance en l'Esprit change ainsi la représentation de notre rapport à Dieu. Dieu n'est pas simplement un objet extérieur à nous et que nous nous efforçons de rejoindre à force de discipline, d'ascèse, de renoncement. Beaucoup ont une représentation de l'être à plusieurs niveaux : la réalité matérielle, le corps, l'âme, Dieu. Pour rejoindre Dieu, il faudrait donc s'abstraire progressivement, s'éloigner des réalités charnelles et monter progressivement vers Dieu. D'où la représentation d'une échelle où l'on monte graduellement en se purifiant.

Recherche authentique de Dieu ? Mais aussi parfois peur viscérale du corps et de la chair. Cela peut alors conduire à un véritable masochisme, c'est-à-dire à une violence retournée contre soi. En d'autres cas, cela conduit à la mort du désir, à l'abnégation de soi et de la réalité extérieure. « Honteux attachements de la chair et des mondes, que ne me quittez-vous quand je vous ai quittés » s'écrie le Polyeucte de Corneille.

Cette mystique est une mystique de fuite, de désincarnation. En régime chrétien, nous pensons le contraire : « Et le Verbe s'est fait chair et il a habité parmi nous. » Ce n'est pas la réalité charnelle (le corps, le sexe, l'histoire) qui nous éloigne de Dieu, mais une certaine façon non divine (diabolique ?) d'assumer cette réalité. Le salut n'est pas la fuite de cette réalité, il réside dans son assomption, sa prise en main courageuse, dans le sens de l'incarnation.

Mon corps est moi. Mais il est aussi un corps pour Dieu et un corps pour autrui. En devenant chair humaine, Dieu fait de notre chair un espace divin. Le Dieu du dehors est aussi le Dieu du dedans.

En ce sens, saisir Dieu consiste à se laisser saisir par lui. Dieu se rencontre souvent dans la passivité. L'essentiel du progrès spirituel est moins dans l'effort volontariste de mettre la main sur lui pour être finalement bien satisfait de soi que dans le renoncement à sa propre justification, que dans la dépossession de sa propre volonté de puissance. Paradoxalement, notre culture si préoccupée du faire et de l'avoir, de l'efficacité et du rendement, redevient sensible au lâcher-prise, au renoncement à tout contrôler.

Dire je crois en l'Esprit Saint, c'est un peu cela. C'est ouvrir les bras, laisser faire, s'en remettre à un autre. C'est laisser à Dieu l'initiative et le laisser prendre possession de nous. L'Esprit s'insinue en nous, s'empare de nous et nous aspire dans l'intimité de Dieu. D'où les figures du ravissement, de l'enlèvement, presque de la fusion.

Conséquemment, l'Esprit est symbolisé par ce qui, dans la matière, semble le moins matériel. Le vent, le feu, la colombe. Déjà, l'air semble ce qu'il y a de moins matériel, à côté de l'eau et de la terre. L'air ne se capte pas, ne se voit pas, ne se sent pas. Si ce n'est par le jeu du vent qui fouette le visage et parfois amène la terreur. Le feu aussi est insaisissable, à la fois doux et violent, chaleur et incendie, lumière, confort, sécurité mais aussi violence déchaînée. Sans air, le feu meurt. Avec l'air, il reprend vie. Et la colombe, pâle figure de la paix ? Car la colombe par sa grâce et sa blancheur semble aérienne, douce, docile, pacifique. Selon les mœurs animales pourtant, elle apparaît dure, implacable, facilement possessive et jalouse. Selon les spécialistes, entre autres Conrad Lorenz, la colombe n'est pas un animal pacifique. Ici encore le paraître trahit l'être et nous enferme dans son mensonge. Même les symboles divins ont leur part d'illusion.

N'est-il pas étrange que, pour symboliser l'Esprit, nous fassions finalement appel à des symboles physiques élémentaires : le vent, le feu, l'air, l'oiseau ? L'air renvoie à ce qu'il y a de plus intime en nous.

Mon expérience m'a appris, par exemple, que la pollution de l'air est toujours perçue comme la plus importante de toutes les pollutions. Car nous mangeons et buvons quelques fois par jour. Mais nous respirons sans cesse, plusieurs fois par minute, dans un processus jamais interrompu, même pendant le sommeil. Cela se fait sans nous, à notre insu pourrions-nous dire. Mais quand le souffle devient difficile, pendant la grippe ou la crise d'asthme, alors l'angoisse nous saisit.

Respirer a sans doute été une conquête fabuleuse de la vie. Pour les vivants d'un milieu sans oxygène, anaérobique, l'oxygène représentait un ennemi fatal. Mais, à l'inverse, quand des vivants ont fait de cet assassin un allié précieux, alors l'oxygène est devenu un partenaire nécessaire. Respirer, c'est un des réflexes premiers essentiels à l'existence humaine.

C'est sous le signe du souffle, de la respiration que Dieu nous parle de vie, de prière, d'amour. Dieu lui-même respire en nous, souffle en nous au point que notre cœur bat au rythme de son cœur. C'est là, bien sûr, une métaphore puisque Dieu n'a ni souffle ni cœur – à moins qu'il n'ait un souffle au cœur et une grande faiblesse pour nous !

Dieu est-il un dedans sans dehors ? Sommes-nous à l'inverse un dehors sans dedans ? Les gens qui s'épuisent dans la poursuite des apparences sont-ils vides ou, au contraire, sont-ils les vrais vivants ? Et ceux qui cherchent l'intériorité sont-ils finalement victimes d'un mirage, poursuivant l'illusion d'une conscience pure sans véritable identité ?

Ces questions-là sont sans réponse, sauf celle du bon sens qui nous rappelle à la fois notre condition charnelle, terriblement concrète, et la dimension spirituelle de notre être qui nous fait chercher l'absolu dans l'éphémère des choses.

S'ouvrir à Dieu, laisser venir en soi l'Esprit, laisser l'Esprit gémir en nous et nous porter vers le mystère de Dieu, c'est jouer à fond la carte de l'intériorité. Mais, paradoxe étrange, l'intériorité extrême nous amène à parler d'un centre au centre de soi, d'un Autre qui m'habite et qui est plus présent à moi que je ne le suis moi-même.

Comme quoi rien n'est jamais simple. En nous permettant de situer l'altérité au cœur de l'intériorité, cette vision nous permet d'entrevoir aussi une réconciliation entre notre dedans et notre dehors, entre notre condition charnelle et corporelle et notre identité la plus secrète.

10 *Pour un Credo simplifié ?*

Et moi je crois, je crois.
Je ne sais plus trop juste en quoi.
(Guy Béart)

Autrefois, au salon funéraire, nous accompagnions nos défunts longtemps. Trois longs jours, trois longues soirées. À toutes les heures environ, il fallait dire un chapelet. Tout le monde se mettait à genoux et nous nous regardions pour savoir qui agirait comme maître de la prière. Le chapelet est fait de cinq dizaines d'Ave accompagné d'un Pater et d'un Gloire soit au Père. Mais le chapelet débute par un Credo suivi d'un Pater, de trois Ave et d'un Gloire soit au Père. Le hic, c'était le Credo, ou « Je crois en Dieu ». Épreuve redoutable. Le dire en groupe tous ensemble c'est facile. Mais le dire seul, du moins pour sa première partie, et le dire seul face à un groupe, c'est un défi de mémoire. Il faut le dire d'une traite, machinalement, sans y penser. Autrement, c'est la panne.

121

Je crois en Dieu, le Père tout-puissant,
créateur du ciel et de la terre.
Et en Jésus Christ son Fils unique, notre Seigneur,
qui a été conçu du Saint-Esprit, est né de la Vierge
Marie,
a souffert sous Ponce Pilate,
a été crucifié, est mort et a été enseveli,
est descendu aux enfers,
le troisième jour est ressuscité des morts,
est monté aux cieux,
est assis à la droite de Dieu le Père tout-puissant
d'où il viendra juger les vivants et les morts.
Je crois en l'Esprit Saint
à la sainte Église catholique,
à la communion des saints,
à la rémission des péchés,
à la résurrection de la chair,
à la vie éternelle. Amen.

En fait, le Credo n'est pas une prière. Il s'apparente plus à un texte de loi qu'à un élan du cœur. C'est un compendium, un condensé de la foi qui porte la trace, et les cicatrices, des disputes anciennes. Il faut bien avouer que pour le fidèle moyen, il est plutôt imbuvable.

Comment Bach, Mozart et autres ont-ils pu écrire de la musique aussi belle pour un texte aussi froid, aussi ennuyant que le Credo ? C'est probablement la magie du latin qui a joué et qui a conféré à un texte juridique et didactique une dimension sacrée.

Le Credo que nous possédons et confessons porte lourdement la trace de l'histoire. Et il ne peut en être autrement.

Quand la foi chrétienne s'est répandue, elle apportait avec elle ses propres formules, principalement la formule trinitaire du baptême : au nom du Père, du Fils et de l'Esprit, qui constitue l'essence même de la foi chrétienne. Une conception révolutionnaire de Dieu (Père, Fils et Esprit) et de son action à notre égard : Jésus, Fils du Père, mort et ressuscité.

Cette conception de Dieu est radicalement différente de celles du judaïsme et des religions du pourtour de la Méditerranée et du Moyen-Orient. Pour les Juifs comme pour les Grecs, mais pour des motifs différents, la foi chrétienne est neuve et fait éclater les conceptions antérieures.

Erreur dangereuse, nouveauté troublante, la foi chrétienne est donc assez rapidement combattue ou carrément interdite. Au départ, la confrontation intellectuelle n'a pas beaucoup lieu, car la foi chrétienne est surtout l'affaire de gens simples et elle se vit dans la clandestinité. Mais dès le 2e siècle, une première génération d'intellectuels, dont Justin, entreprend un dialogue avec la culture du milieu.

À mesure que la foi se répand et que des gens plus cultivés adhèrent au message évangélique, les expressions de la foi varient. Spontanément, les gens empruntent aux philosophies et aux religions de leur temps des représentations, des récits, des termes pour comprendre la foi chrétienne. D'où l'apparition de nombreuses hérésies et la nécessité pour l'Église de préciser et de défendre sa foi.

Il est hors de propos d'entreprendre ici un exposé sur les discussions théologiques durant les premiers siècles de l'Église (depuis le montanisme, doctrine austère qui condamnait le remariage des veufs, aux différents courants gnostiques dont, en particulier, le manichéisme), mais il n'est pas inintéressant de faire observer que beaucoup de croyances, populaires actuellement dans le courant du Nouvel-Âge, sont des reprises de la gnose ancienne. C'est finalement toujours le caractère historique et concret de la foi chrétienne qui est mis en question au profit d'une doctrine plus vague, plus floue, plus générale du rapport à Dieu. De même, la notion d'un salut offert par Dieu cède la place à un salut qu'on se donne à soi-même, grâce à la science, à la nature ou à des rites de purification progressive.

Les grandes querelles des premiers siècles autour du Christ et de la Trinité ont permis de mieux cerner la foi chrétienne et de bien la distinguer des autres croyances. Mais elles ont eu aussi pour conséquence de complexifier la foi et de l'encombrer. Par exemple, peu de gens peuvent commenter aisément les affirmations du Credo des apôtres selon lesquelles Jésus est « descendu aux enfers » et qu'il est « assis à la droite du Père ».

Le catéchisme de l'Église catholique comprend 2865 paragraphes couvrant plus de 500 pages de texte pour l'ensemble de son exposé. Le commentaire du seul Credo représente 885 paragraphes en 176 pages. Ce genre d'entreprise n'est pas inutile, loin de là, car il faut toujours procéder à l'illustration et à la défense de la foi, montrer sa cohérence intrinsèque, établir sa signification dans la culture présente. Exercice difficile et indispensable. Mais ce faisant, on chosifie la foi, c'est-à-dire qu'on passe de l'acte de croire à l'élaboration du contenu de la foi.

Il y a toujours un abîme entre la foi elle-même, la foi comme adhésion au Dieu qui se révèle et les croyances qui donnent chair à la foi.

La question légitime qu'on doit sans cesse se poser est la suivante : faut-il tant insister sur la formulation exacte de la foi ? Comment s'établit le lien entre la foi savante capable d'élaborer un discours critique sur soi et la foi simple du jardinier ? Par exemple, si les moines ont gardé en général la réputation d'être savants, le clergé local a longtemps eu la réputation d'être particulièrement ignorant. Boniface (mort en 755) parle d'un prêtre qui baptise après avoir immolé en l'honneur de Jupiter. Bède le Vénérable (673-735) constate que les prêtres ne savent pas le latin et ne comprennent pas la liturgie qu'ils célèbrent. Il en sera souvent de même durant tout le Moyen-Âge et il faudra pratiquement les scandales dénoncés par la Réforme puis les mesures du concile de Trente pour que la formation des prêtres s'améliore notablement, notamment grâce à Bérulle et Olier ainsi qu'à l'école française de spiritualité. Même encore aujourd'hui, bien des prêtres de cinquante ans échoueraient à un examen serré sur foi et croyance.

Les véhicules de la foi sont nombreux (symboles, catéchisme, prédication, musique, arts sacrés, théâtre et mystères) et l'essentiel de la foi peut se ramener à quelques formules simples.

Règle générale, il en va pour la foi comme du reste de l'existence humaine. La parole, la parole juste et précise, n'est pas aléatoire. Elle est le véhicule essentiel pour dire les choses et, en un sens, les faire exister. On ne peut pas penser sans des mots pour formuler la pensée. La foi a besoin de mots pour se dire même si nous savons, pour la foi comme pour l'amour, qu'il y a un au-delà des mots qui pointe vers l'indicible.

En présence d'un malade qui ne parvient pas à nommer correctement ses malaises, le médecin est souvent incapable de prononcer un diagnostic précis. De même pour la guérison de certaines blessures psychiques. Tant qu'on ne parvient pas à faire resurgir de l'inconscient les images refoulées et qu'on ne trouve pas « les mots pour le dire », on reste enfermé dans sa prison intérieure. En ce sens, dire correctement la foi, dire correctement le chemin que Dieu prend pour nous sauver c'est entrer dans le salut. C'est discerner la route de Dieu, c'est y adhérer en le nommant, et par conséquent se situer correctement devant lui.

> Si, de ta bouche, tu confesses que Jésus est Seigneur et si, dans ton cœur, tu crois que Dieu l'a ressuscité des morts, tu seras sauvé. En effet, croire dans son cœur conduit à la justice et confesser de sa bouche conduit au salut. Car l'Écriture dit : *Quiconque croit en lui ne sera pas confondu.* Ainsi, il n'y a pas de différence entre Juif et Grec : tous ont le même Seigneur, riche envers tous ceux qui l'invoquent. En effet, *quiconque invoquera le nom du Seigneur sera sauvé.*
> (Rm 10, 9-13)

Ce célèbre texte de Paul montre bien le lien étroit entre la formulation juste de la foi et sa proclamation (voir sur ce point, la note z de la traduction intégrale de la TOB [1975], en Rm 10, 9). L'affirmation de Paul est souvent inversée et laisse alors entendre que celui qui ne confesse pas correctement Jésus est condamné. C'est la doctrine terrible de la prédestination et du rejet de la multitude. Augustin appelait l'humanité hors du Christ la « *massa damnata* », la masse damnée ou rejetée. L'épître aux Romains, dans son antithèse entre l'Adam premier qui enferme le monde dans la faute et l'Adam nouveau, le Christ, qui l'appelle au salut par la foi, semble justifier largement cette interprétation qui a été longtemps traditionnelle dans l'Église et que Luther a reprise, par exemple, avec ardeur.

Pour ma part, je ne pense pas qu'on puisse enfermer le jugement de Dieu dans une dialectique si courte. D'une part, le sommet de l'épître aux Romains n'est pas dans l'affirmation que les Juifs et les Grecs sont sous la colère de Dieu (chapitres 1 à 3), mais plutôt dans l'annonce du salut pour tous. « Si en effet, quand nous étions ennemis de Dieu, nous avons été réconciliés avec lui par la mort de son Fils, à plus forte raison, réconciliés, serons-nous sauvés par sa vie » (Rm 5, 10). Paul utilise deux fois l'expression « à plus forte raison ». Le paroxysme de l'épître arrive plus loin :

> Oui, j'en ai l'assurance : ni la mort ni la vie, ni les anges ni les dominations, ni le présent ni l'avenir, ni les puissances, ni les forces des hauteurs ni celles des profondeurs, ni aucune autre créature, rien ne pourra nous séparer de l'amour de Dieu manifesté en Jésus Christ notre Seigneur.
> *(Rm 8, 38-39)*

L'affirmation fondamentale de la Bonne Nouvelle est que Dieu aime tous les humains. « Car Dieu n'a pas envoyé son Fils dans le monde pour juger le monde, mais pour que le monde soit sauvé par lui » (Jn 3, 17).

Le chemin normal de l'accès au salut passe par la confession de la foi. Et c'est pourquoi la tâche missionnaire est si importante pour l'Église. Mais pour ceux qui, d'une manière invincible, ne reçoivent pas une offre crédible et culturellement enracinée de la foi au Christ, on ne peut conclure au rejet de Dieu. Le chemin évoqué par Paul est celui de la reconnaissance du Créateur (Rm 1, 20) et de la conscience ou du cœur (Rm 2, 14-15).

Ce que permet la confession de la foi, c'est de dire d'une manière explicite et confirmée par Dieu lui-même la réalité de son amour. Et pouvoir le dire, et le dire clairement, n'est-ce pas suprêmement libérateur ?

Quelques formules de foi du Nouveau Testament

L'inconvénient des formules que nous utilisons pour confesser la foi, c'est qu'elles sont plus proches de déclarations juridiques et doctrinales que de véritables chants de louange. Pour comprendre cela, il suffit de jeter un coup d'œil à quelques passages des lettres de Paul :

> Si nous mourons avec lui, avec lui nous vivrons.
> Si nous souffrons avec lui, avec lui nous régnerons.
> Si nous le renions, lui aussi nous reniera.
> Si nous lui sommes infidèles, lui demeure fidèle,
> car il ne peut se renier lui-même.
> (2 Tm 2, 11-13)

Le langage ici est plus proche de l'expérience, plus concret. Comme dans cette hymne au Christ :

> Lui qui est de condition divine
> n'a pas considéré comme une proie
> à saisir d'être l'égal de Dieu.
> Mais il s'est dépouillé,
> prenant la condition de serviteur,
> devenant semblable aux hommes,

et, reconnu à son aspect comme un homme,
il s'est abaissé,
devenant obéissant jusqu'à la mort,
à la mort sur une croix.
C'est pourquoi Dieu l'a souverainement élevé
et lui a conféré le Nom qui est
au-dessus de tout nom,
afin qu'au nom de Jésus
tout genou fléchisse, dans les cieux,
sur la terre et sous la terre,
et que *toute langue confesse*
que le Seigneur, c'est Jésus Christ,
à la gloire de Dieu le Père.
(Ph 2, 6-11)

Ce texte n'est pas du tout facile. Mais il est plus proche du récit que de la doctrine. Il suggère comme un mouvement du corps, un enthousiasme qui mène de l'abaissement à l'exaltation. Il donne le goût du mime et de la danse. Les formules de Paul sont loin d'être simples (voir par exemple Ep 1, 3-14 et Col 1, 15-20 dont certains passages sont retenus dans la formule longue du Credo, Credo dit de Nicée-Constantinople).

Pour de nouvelles confessions de foi

En elles-mêmes, les formules officielles de confession de foi sont difficilement réformables et la vérité qu'elles visent ne s'applique pas moins à notre époque qu'il y a dix ou quinze siècles. Mais leur formulation est en relation avec des problèmes qui ne se posent plus maintenant et dont l'à-propos peut être fort contestable. Dans cet esprit, il serait essentiel de faire émerger de nouvelles confessions de foi, plus simples, plus axées sur la louange et la prière et dont l'usage fréquent rendrait beaucoup moins nécessaire le recours aux formules actuellement utilisées. Pour illustrer mon propos, j'esquisse une formule possible.

> Ô Seigneur notre Dieu, tu crées le monde et tu nous donnes la vie, la croissance et l'être. Tu es notre Père.
>
> — Nous croyons en Dieu le Père.
>
> Merci pour ce monde si beau et si fragile dont nous essayons d'être responsables devant Toi.
>
> — Gloire au Père, source de toute vie.
>
> Père, tu nous donnes ton fils unique, notre Seigneur Jésus Christ.
>
> — Nous croyons en Jésus, Christ et Sauveur.
>
> Homme véritable, Jésus nous a révélé ton amour. Il a vécu, a souffert la passion et il est mort sur la croix.
>
> — Nous croyons en Jésus, Christ et Sauveur.
>
> Père, nous croyons qu'au troisième jour Jésus est ressuscité d'entre les morts et qu'il est désormais le Vivant.
>
> — Gloire à Jésus, le Christ, notre Seigneur, ressuscité d'entre les morts.
>
> Père, avec le Fils tu nous donnes l'Esprit Saint.
>
> — Nous croyons en l'Esprit Saint.
>
> L'Esprit nous rappelle tout ce que Jésus a dit. Il nous donne ta force et guide notre prière.
>
> — Gloire à l'Esprit qui habite en nos cœurs.

Ô Seigneur notre Dieu, Père, Fils et Esprit, Tu es le début et la fin, Tu es la source et l'achèvement. Nous allons vers Toi par les chemins de l'histoire, cherchant ton visage.

– Loué sois-tu, ô Seigneur, notre Dieu.

Nous gardons la mémoire de Jésus et, fidèles à sa Parole, nous cherchons à vivre dans l'amour, l'amour de Toi, l'amour des humains, l'amour de toute ta création.

– Loué sois-tu, ô Seigneur, notre Dieu.

Partageant le corps et le sang du Christ, nous nous efforçons de faire communauté et de témoigner de ton amour.

– Loué sois-tu, ô Seigneur, notre Dieu.

Fais de notre vie une offrande à la louange de ta gloire dès maintenant et pour les temps à venir.

– Amen.

Reprendre l'exercice.

Le texte qui précède est proposé comme une simple fantaisie. J'invite les lecteurs, lectrices à s'essayer à leur tour. En le faisant, on se rend compte à quel point il s'agit d'un exercice difficile, frustrant, voire périlleux. Comment parler de Dieu sans évoquer son mystère intime : Père, Fils, Esprit ? Comment expliquer le croire, la démarche de confiance qui nous fait jeter nos vies dans la balance, et la démarche de fidélité qui s'ensuit ? Comment dire la foi sans évoquer la communauté de l'Église et l'eucharistie ? Comment ne pas évoquer la prière et l'action responsable dans le monde ? Et de fil en aiguille, le simple mouvement de confiance joyeuse en Dieu devient un long discours sur toute l'expérience chrétienne. Faites l'exercice, vous verrez.

Voici un deuxième exercice, d'une autre inspiration.

– Seigneur, me voici devant Toi.
Je ne sais pas qui je suis.
Je ne sais pas qui tu es.
Je te remets ma vie.
Je crois en Toi.

– Seigneur, je veux t'appeler Père.
Je crois que tu as créé le ciel et la terre
Et tout l'univers.
J'ai des difficultés à concilier la science et la foi,
Je suis un croyant en recherche,
Mais je crie vers Toi en t'appelant Père.
Je crois en Toi, Père tout-puissant.

– Je crois en Jésus Christ, notre frère bien-aimé.
Il a grandi parmi nous
Et nous a parlé de ton amour et de ton royaume.
Il a donné sa vie pour nous.
Mais tu l'as relevé d'entre les morts.
Je crois en Jésus, le Vivant.
Je reconnais en lui ton Fils unique.

– Seigneur, je crois en ta présence au fond de notre cœur.
Je crois que tu habites au milieu de nous
Et que tu nous apprends à vivre de ta vie.
Je crois en l'Esprit Saint.

– Seigneur, si j'ai peur devant Toi,
Donne-moi la paix et le pardon de mes fautes.

Seigneur, si j'ai peur de la mort,
Donne-moi le goût et l'audace de la vie éternelle.

– Seigneur, si j'ai peur des autres,
Si j'ai tendance à fermer ma vie sur moi-même.
Seigneur, si j'ai une soif intarissable de vivre,
Apprends-moi à chercher sans répit
La source même de toute vie.
Apprends-moi à prier avec les autres,
À partager le pain, le vin et l'espérance,
À ne jamais abdiquer devant la bêtise !
Apprends-moi à faire communauté
Avec ceux et celles qui partagent ton espérance.

– Seigneur, me voici devant Toi.
Je crois en Toi.
Je remets ma vie entre tes mains.
Amen.

Si vous analysez cette dernière formulation, vous verrez que j'ai gardé une structure trinitaire simplifiée, en insistant sur la démarche psychologique du croyant. En voici une autre axée sur les exigences de la situation, plus articulée sur la demande de la foi que sur la confession.

– Seigneur, des milliards d'hommes et de femmes
cherchent leur destinée.
Beaucoup ne croient en rien, surtout pas en Toi.
Beaucoup croient en n'importe quoi.
Les religions sont si nombreuses et les chemins si
variés
Qui peut prétendre avoir raison contre tous les
autres ?
Guide-nous vers Toi,

Comme Tu voudras, quand Tu voudras.
Guide-nous vers la vérité.

– Seigneur, les humains s'en vont à leur perte.
La guerre est partout menaçante,
Et la haine, et la violence.
Même la science se retourne contre nous
Et nous doutons de l'avenir de la planète.
Seigneur, fais surgir au milieu de nous
Des prophètes et des saints
Des gens que l'amour saisit et transforme.

– Comme le Seigneur Jésus a donné sa vie pour tous,
Fais-nous donner notre vie pour nos frères et sœurs
en humanité.
Fais de nous des croyants nouveaux,
Des amoureux de la Parole,
Des témoins de ton espérance.
Rajeunis notre foi.
Renouvelle ton Église,
Rends-nous libres à l'égard du mal et des idées
reçues.
Donne-nous l'audace des nouveaux commencements
Aujourd'hui, demain et pour les siècles des siècles.

– Amen.

Pour refaire l'exercice, il me semble qu'il faut franchir trois étapes :

– déterminer les contenus essentiels de la foi : Dieu, Père, Fils, Esprit, la résurrection de Jésus ;

– déterminer le point de vue subjectif que l'on veut développer : confiance, peur, doute, joie, angoisse, perspective individuelle ou collective ;

134

– mettre par écrit des choses dans une forme littéraire déterminée : hymne, litanie, prière…

L'exercice aurait aussi intérêt à être repris en groupe, car il n'y a de foi que celle de l'Église : *unus christianus, nullus christianus,* disait saint Augustin : un chrétien seul, pas de chrétien. La langue est une réalité collective. La foi est une affaire de communauté. La foi est personnelle, évidemment. L'adhésion de la foi est la chose la plus intime du cœur, mais la confession de foi s'exprime dans les mots de la communauté croyante, même si chacun infléchit les formules de la foi dans un sens ou dans l'autre.

11 *La foi, le cœur et la main*

Toi l'Auvergnat quand tu mourras
Quand le croque-mort t'emportera
Qu'il te conduise à travers ciel
Au Père éternel.
(Georges Brassens)

Quel est le rapport de la foi à la réalité extérieure ? La foi arrache-t-elle la personne croyante au monde pour l'inclure dans un autre monde, celui de son Dieu ? Monde idéal, monde rêvé, monde clos et étouffant d'une serre chaude, monde concentrationnaire du devoir et des interdits ? Quand la foi devient-elle une pathologie ? Quand devient-elle une libération ? Quand est-elle un solipsisme, quand est-elle une aliénation, quand est-elle une prise de contact avec toute la réalité ? Y a-t-il plus de fausse foi, de mauvaise foi, que de bonne foi ? Faut-il une fois pour toutes bannir la foi ? Et à quoi ce bannissement conduira-t-il : à la liberté, à la raison éclairée, à la raison étouffante, à la crédulité, à la magie ?

Il n'y a pas de réponse à ces questions. Ou plutôt, la réponse à ces questions c'est de se reposer sans répit ces questions pour que la mer vienne y battre toujours et qu'elle laisse sa marque sur les rochers de la rive. Comme la corde du puits qui lentement use la pierre. La foi n'est pas l'absence de questions. Elle est l'émergence sans fin de questions ouvertes qui élargissent l'horizon de notre destin.

Citant le prophète Habaquq (2, 4), l'apôtre Paul affirme que « celui qui est juste par la foi vivra » (Rm 1, 17). Paul fera du salut par la foi – en opposition au salut par les œuvres – la pierre angulaire du message chrétien. Cette argumentation, Paul la poursuit sans relâche, entre autres dans l'épître aux Romains et dans l'épître aux Galates. Il oppose farouchement loi et grâce, foi et œuvres. C'est Dieu qui sauve, qui le premier prend l'initiative et invite la personne croyante à faire confiance. « Si, de ta bouche, tu confesses que Jésus est Seigneur et si, dans ton cœur, tu crois que Dieu l'a ressuscité des morts, tu seras sauvé » (Rm 10, 9). Et la note z-I, déjà citée, ajoute : « La foi, en effet, ne repose ni sur la sagesse humaine, ni sur le prestige des apôtres, mais sur la puissance de Dieu. »

L'œuvre par excellence du salut, ce n'est pas les bonnes œuvres, mais la foi elle-même. C'est le fait de briser la coquille de sa propre vie pour s'en remettre à Celui qui nous sauve. Alors l'horizon s'ouvre en deux domaines apparemment contradictoires : la prière et l'engagement. Mais il est essentiel de comprendre qu'en régime chrétien, aucune de ces deux activités n'est la cause du salut. Elles en sont plutôt la conséquence. Il y a dans l'expérience chrétienne un abandon, une passivité première qui est très difficile à comprendre et à mettre en œuvre. Spontanément, nous estimons toujours avoir l'initiative et nous cherchons à mettre la main sur Dieu, à force de prières et de bonnes œuvres. À force de vouloir faire le bien, nous acquérons la conviction de gagner le salut. Cette tendance est constante et est relancée par notre culture.

C'est que nous vivons dans une société de consommation – et de science – qui est essentiellement une société du salut par les œuvres. C'est en produisant que nous sommes quelqu'un. L'argent que nous gagnons, le métier que nous exerçons, les activités que nous réalisons, c'est cela qui nous rend importants ou misérables dans la société. Et c'est pourquoi nous tolérons mal, ou pas du tout, les handicapés de la vie, les débiles mentaux, les trisomiques, les paraplégiques, les personnes atteintes de la maladie d'Alzheimer, ou celles en phase terminale. À nos yeux, ces personnes sont des bouches inutiles. Elles ne produisent rien... et ne sont rien.

Cette idée du salut par les œuvres, par le travail, la science, la technique et l'innovation n'est pas fausse en elle-même. Elle confond simplement progrès et salut. Le progrès c'est l'auto-développement de l'être humain à travers l'histoire. Le salut c'est l'acceptation de l'amour inconditionnel de Dieu.

Jean Delumeau a démontré longuement que l'espérance chrétienne en un monde à venir meilleur est à la source de l'idée de progrès. Dans les religions de type cyclique, il n'y a pas de progrès, mais des cycles qui se répètent. En témoigne un très beau livre de la Bible fortement inspiré par un courant de sagesse désabusée.

> Vanité des vanités, tout est vanité.
> Quel profit y a-t-il pour l'homme
> de tout le travail qu'il fait sous le soleil ?
> Un âge s'en va, un autre vient,
> et la terre subsiste toujours.
>
> Le soleil se lève et le soleil se couche,
> il aspire à ce lieu d'où il se lève [...]
> Tous les torrents vont vers la mer,
> et la mer n'est pas remplie ; [...]
> Ce qui a été, c'est ce qui sera,
> ce qui s'est fait, c'est ce qui se fera :
> rien de nouveau sous le soleil !
> (*Qo 1, 2-9*)

Nous sommes alors dans le mythe de l'éternel retour. Il ne se passe rien, c'est toujours la même chose. Les étoiles tournent, le monde poursuit sa danse. Le passé, le présent, le futur, c'est la même chose. On trouve ici des échos de réincarnation : j'ai été, je suis, je serai. Tout est interchangeable.

Dans la représentation chrétienne du temps, le temps correspond plutôt à une flèche ou à une spirale. On ne parle pas d'une avancée uniforme et rectiligne, mais d'une courbe variable et souvent brisée, néanmoins tendue vers un avenir. Il y a, dans la foi, la promesse d'un monde à venir radicalement différent et meilleur que le monde de maintenant, un monde transfiguré où Dieu sera tout en tous. Le monde présent passe. Il est fragile et éphémère. Il tend vers un accomplissement, une apothéose. Mais ce monde à venir, cet autre monde, sera aussi ce monde autrement. Il y aura certes rupture et discontinuité, mais aussi, pour une part, continuité, accomplissement, achèvement. C'est pourquoi il convient de parler à la fois de résurrection et de transfiguration.

Dans le long développement historique des idées, on comprendra que l'eschatologie chrétienne d'un avenir (à-venir) absolu ait favorisé l'émergence de l'idée de progrès. Cette idée correspond à une forme de sécularisation d'une valeur essentiellement religieuse au départ. On peut invoquer à cette fin le texte du premier chapitre du premier livre de la Bible, le livre de la Genèse, où l'être humain est associé à l'œuvre créatrice de Dieu : « Dieu les bénit et leur dit : "Soyez féconds et prolifiques, remplissez la terre et dominez-la. Soumettez les poissons de la mer, les oiseaux du ciel et toute bête qui remue sur la terre !" » (Gn 1, 28) En réalité, cette bénédiction d'origine s'inscrit dans le prolongement du don de Dieu.

Le progrès humain représente le développement d'une grâce reçue. Mais il est vécu par nos contemporains comme une conquête sur Dieu, comme une révolte, comme l'accomplissement de soi indépendamment de toute autre considération : ni de Dieu, évacué dans un au-delà inaccessible ; ni des autres, surtout s'ils sont faibles et peu productifs et qu'ils ne sont que des perdants selon les règles d'un darwinisme social ; ni du milieu écologique lui-même qui n'est perçu que comme un dehors, une pure matière première remodelable selon la volonté du genre humain.

L'affirmation fondamentale de la foi chrétienne n'est pas celle du progrès mais celle du salut par la grâce. Et cela change tout. Le monde s'inscrit dans une générosité première (ce que Mattew Fox appelle *Original Blessing*) qui est celle de

Dieu. Un amour nous précède, un amour nous attend. Tout l'effort de notre vie consiste à rendre grâce pour grâce, à réinscrire dans l'amour ce qui est issu de l'amour.

Une fois que l'on a compris cette bonté première de Dieu, son amour prévenant, la vie peut devenir une action de grâce et une œuvre d'amour, malgré l'ampleur des résistances auxquelles nous faisons face, malgré le mal physique inhérent au statut de créature, malgré le mal moral inhérent à l'aventure humaine de la liberté. Il s'agit alors moins de faire son salut, de gagner son ciel, de se sauver au prix d'un volontarisme moral acharné que de laisser surgir en soi l'énergie divine. Il s'agit de se démettre de soi-même dans la foi, puis de laisser cette vie reçue se développer en nous pour porter tous ses fruits, qui sont aussi les nôtres.

Les racines de l'arbre n'inventent pas l'eau qu'elles puisent aux profondeurs du sol. C'est là un don antérieur. Recevant cette eau, elles n'en produisent pas moins une sève et un feuillage qui sont bien l'œuvre de l'arbre. Ainsi l'arbre humain prend sa source en Dieu et produit son propre travail. Tout est de Dieu, tout est de nous. Tout est de nous parce que tout est de Dieu.

Pour utiliser une formule chère à Hans Küng, qui renvoie à divers passages de saint Paul, il faut que l'indicatif précède l'impératif. Par la foi, vous êtes sanctifiés et transformés (indicatif). Conséquemment, conduisez-vous d'une manière digne de l'espérance qui est en vous (impératif). Spontanément, nous affirmons l'inverse : faites le bien, changez de vie (impératif) afin de devenir saints (indicatif). Alors, nous vidons la foi de sa substance. Nous en faisons un moralisme, à la place d'une gratuité.

Dans la pratique quotidienne, il n'est pas simple de trouver le juste équilibre entre le quiétisme et l'activisme. Le quiétisme insiste sur la grâce et la bonté de Dieu et peut se changer en paresse, en exploitation des autres. On ne fait rien, on s'abandonne à Dieu. On se laisse aller. Et finalement, ce sont les autres qui casquent. Paul a très bien vu l'effet pervers d'une telle tendance.

> Nous entendons dire qu'il y en a parmi vous qui mènent une vie désordonnée, affairés sans rien faire. À ces gens-là, nous adressons, dans le Seigneur Jésus Christ, cet ordre et cette exhortation : qu'ils travaillent dans le calme et qu'ils mangent le pain qu'ils auront eux-mêmes gagné.
> *(2 Th 3, 11-12)*

C'est la règle d'or du travail chrétien. Une foi insincère – finalement une mauvaise foi – dérive vite vers la médiocrité.

> À quoi bon, mes frères, dire qu'on a de la foi, si l'on n'a pas d'œuvres ? La foi peut-elle sauver, dans ce cas ? Si un frère ou une sœur n'ont rien à se mettre et pas de quoi manger tous les jours, et que l'un de vous leur dise : « Allez en paix, mettez-vous au chaud et bon appétit », sans que vous leur donniez de quoi subsister, à quoi bon ? De même, la foi qui n'aurait pas d'œuvres, est morte dans son isolement.
> *(Jc 2, 14-17)*

L'activisme, pour sa part, insiste unilatéralement sur l'engagement moral et sur l'énergie déployée par l'individu pour faire le bien. Cela, je l'ai dit, est à l'image de notre société qui préfère l'avoir et le faire à l'être. Et cela donne du surmenage et des *burnout* dans une société dite de loisir, société où il faut conduire les enfants au hockey à six heures du matin le samedi et où il faut deux emplois pour se gaver de gadgets inutiles. La mère épuisée (parfois le père) rentre à la course du travail pour ramasser le petit à la garderie avant d'enclencher le repas tout en surveillant la laveuse et la sécheuse. Nous sommes si convaincus que toute notre vie se résume en cela que nous n'avons ni le temps d'être heureux, ni celui d'admirer ou de chanter, ni celui de prier. Salut par les œuvres seulement ; pire encore, salut par la frénésie de l'agir extérieur au mépris d'autres activités plus douces : parler, écouter, marcher, lire, réfléchir, admirer.

Il y a dans la tradition biblique une institution extraordinaire qui a été longtemps un des legs importants faits à l'humanité par l'héritage judéo-chrétien, et qui est en train de disparaître sous les coups de butoir de la consommation et de la productivité. C'est l'institution du sabbat, et de son pendant chrétien le dimanche.

Le premier récit de création du livre de la Genèse raconte la création en six jours.

> Le ciel, la terre et tous leurs éléments furent achevés. Dieu acheva au septième jour l'œuvre qu'il avait faite, il arrêta au septième jour toute l'œuvre qu'il faisait. Dieu bénit le septième jour et le consacra.
> (Gn 2, 1-3)

Le texte est intéressant à plusieurs titres. D'abord, il projette en Dieu l'activité de chômer. Après l'activité de création, même Dieu s'arrête et se repose. Mais il y a plus : Dieu bénit le septième jour. Il y a dans le récit de création (Gn 1, 1-2, 4a) trois bénédictions. La première est donnée, le cinquième jour, aux oiseaux et aux poissons : « Soyez féconds

144

et prolifiques » (1, 22). La deuxième est donnée, le sixième jour, aux êtres humains et, par-devers eux, aux espèces vivant sur la terre : « Soyez féconds et prolifiques, remplissez la terre » (1, 28).

Dans la Bible, la bénédiction est presque toujours liée à la fécondité. Or la bénédiction au septième jour lui-même est une exception notoire. Ce n'est plus un vivant mais une catégorie abstraite, un jour, qui reçoit la bénédiction divine. Comment une catégorie abstraite, le temps, peut-elle être source de fécondité ? C'est que le septième jour renvoie au sabbat, au jour de Dieu.

> Que du jour du sabbat on fasse un mémorial en le tenant pour sacré. Tu travailleras six jours, faisant tout ton ouvrage, mais le septième jour, c'est le sabbat du Seigneur ton Dieu. Tu ne feras aucun ouvrage, ni toi, ni ton fils, ni ta fille, pas plus que ton serviteur, ta servante, tes bêtes ou l'émigré que tu as dans tes villes. Car en six jours, le Seigneur a fait le ciel et la terre, la mer et tout ce qu'ils contiennent, mais il s'est reposé le septième jour. C'est pourquoi le Seigneur a béni le jour du sabbat et l'a consacré.
> *(Ex 20, 8-11)*

Le septième jour appartient à Dieu. C'est le jour du souvenir où l'être humain se dépossède de son action et s'en remet à Dieu de son destin. Il rend grâce pour grâce. Il se décentre de lui-même et retourne vers la source première de toute vie.

Le repos de Dieu, c'est la sanctification de l'être humain ; le repos de l'être humain est jour de bénédiction, jour de fécondité par excellence. Le jour le plus fécond de la semaine, c'est celui où il s'abandonne et entre dans le repos de Dieu. Alors il retrouve la source et l'origine. Il s'inscrit dans l'harmonie des choses permettant à l'étranger, à l'esclave, à la bête de retrouver eux aussi leur place dans le monde.

Cela bien sûr, nous l'avons oublié. Cela, nous ne voulons pas le savoir. « Les enfants s'ennuient le dimanche, avec leur faux col et leur robe blanche. » Il faut que le commerce commerce, que la consommation consomme, que le vendeur vende, que l'acheteur achète. Il serait mieux aussi que le moteur tourne, que l'usine fonctionne, mais à cela les résistances sont encore trop fortes. Le dimanche – plus largement tout le week-end – est jour de congé et de chômage sauf pour ceux et celles qui sont reliés de près ou de loin aux services essentiels ou à l'activité du loisir et du divertissement. Car maintenant il faut travailler pour faire du loisir. Le loisir organisé suppose une panoplie de métiers, dont surtout ceux du commerce. Et de fil en aiguille, le moteur se remet en marche.

Grâce au télétravail, bien des gens peuvent continuer à travailler chez eux, de jour et de nuit, pour que jamais ne cesse le bourdonnement de la ruche humaine. Et plus nous produisons, plus nous devenons riches. Mais plus il y a de riches, plus il y a de pauvres, plus la terre s'alanguit, plus le stress augmente.

C'est ainsi que la contradiction s'instaure au plus intime de ce qui nous semble *a priori* comme l'instrument premier de notre libération et de notre salut : le travail. Le salut par les œuvres est véritablement l'enfer. C'est là que l'être humain s'enferme et s'enclôt dans l'emprise de la mort. « Moi qui veux faire le bien, je constate donc cette loi : c'est le mal qui est à ma portée. Malheureux homme que je suis ! » (Rm 7, 21.24)

Dans cette perspective, le mal réside moins dans les interminables manquements aux règles de la morale courante que dans cette prison étouffante que nous construisons de nos mains et qui nous éloigne de notre propre accomplissement. C'est la raison elle-même, cet instrument premier de notre libération, qui devient irrationnelle et nous mène à l'absurde. C'est la liberté défaillante qui reconstruit à son insu les chaînes qu'elle cherche à briser.

Le salut par la grâce, le salut par la foi, c'est échapper à l'enfermement de l'être humain sur lui-même. C'est le jaillissement d'un Autre qui brise le silence et qui offre un univers de relations au plus profond du narcissisme. C'est cela le salut, à l'opposé de la perdition. Mais ce n'est que dans le salut que nous comprenons la perdition, comme c'est dans l'amour que nous intuitionnons la profondeur de nos isolements antérieurs. Le salut est dans l'amour et non dans le progrès poursuivi pour lui-même. Car le progrès peut devenir meurtrier.

Une de mes amies m'a raconté qu'à huit ans elle avait eu sa première révolte contre la foi. Priant devant un crucifix, elle s'accusait de ses fautes. Elle se sentait coupable de tuer ainsi l'innocent. Elle intégrait dans sa conscience le fameux chant du serviteur : « Ce sont nos souffrances qu'il a portées, ce sont nos douleurs qu'il a supportées » (Is 53, 4). Mais elle n'acceptait pas qu'elle, petite fille innocente, doive porter personnellement le poids de cette responsabilité. Et elle avait bien raison. Mais de quoi donc était-elle coupable ? Quelle tache originelle ternissait son âme ? Il faut beaucoup plus long de vie pour comprendre la dynamique du salut. Hélas, la pastorale oublie parfois que c'est la grâce qui révèle le péché et non le contraire.

Quelle est donc l'œuvre de la foi ? Elle nous ouvre les bras vers l'Autre. Et c'est en ouvrant de la sorte qu'elle délivre. Nous avons tous connu des gens très religieux, mais finalement enfermés dans leur monde. Je pense pour ma part que la foi, la foi confessée en Jésus, ouvre le cœur et les mains. Plus encore, j'estime que cette ouverture est l'épreuve ultime pour valider sa foi, pour en saisir la vérité intrinsèque.

Ouvrir le cœur

Quand je dis que je crois en Dieu Père tout-puissant, j'accepte d'entrer en relation avec un Autre au-dedans de moi-même. Je lui dis tu. Je l'appelle. Je l'implore. Je le remercie. Je le supplie. Parfois, plus banalement, j'ai peur. Ou je le maudis. J'entre dans une relation extraordinairement complexe ou la folie frôle la mystique. Me situant devant Dieu dans le silence, je suis renvoyé à moi-même. Et me voici découvrant mes besoins, mon désir et mes peurs, mes haines et mes amours. J'entre au creux de mon cœur, dans ce nœud de vipères où s'entremêlent l'amour et la haine, la détresse et l'exaltation.

J'ai noté précédemment qu'un des traits caractéristiques de l'expérience chrétienne, c'est la foi en l'Esprit. Si j'accepte de durer au-delà du silence, au-delà de l'épuisement des formules et du bavardage de ma rumeur intérieure, un Autre assumera ma prière et la conduira au-delà d'elle-même. La prière chrétienne est mystique, elle est dialogue et rencontre d'amour. Mais parce que cet Autre qui parle en moi n'est pas moi et me dépasse, la prière est aussi apophatique, c'est-à-dire au-delà du langage, sans parole adéquate. Souvent nous savons mieux ce que Dieu n'est pas que ce qu'il est. Cette nuit du langage est d'ailleurs extraordinairement précieuse pour intuitionner certains de nos blocages avec autrui, car il n'y a pas toujours de mots pour le dire. Les mots sont eux aussi parfois fragiles, parfois doubles, parfois inexistants.

Ouvrir les mains

Il n'y a pas de vraie foi sans œuvre. Il n'y a pas de foi en Dieu sans ouverture du cœur à autrui. Et de cette rencontre d'autrui, il n'y a jamais de traduction automatique et assurée. L'un soigne et l'autre écoute, l'un enseigne et l'autre accompagne. Que l'on prenne le chemin du social ou du politique, du prophétisme militant ou du secours charitable, de la danse ou de la poésie, que l'on sauve le proche ou le lointain ou les deux à la fois, cela dépend de tant de choses : du tempérament, de la formation, de l'analyse politique et, le plus souvent, des appels concrets qui montent vers nous. Mais il n'y a pas de foi sans ouverture à autrui et sans volonté de changer quelque chose et d'aider les victimes à devenir elles-mêmes les artisans de leur propre libération.

À cet égard, il y a une antinomie profonde entre la foi chrétienne et les doctrines partisanes du karma. Les doctrines du karma sont fatalistes. La foi cherche à transformer les choses, à dire la liberté parfois jusqu'à la révolte. Karl Marx voyait dans la religion l'opium de la société. Peut-être cela a-t-il été vrai d'un christianisme trop lié à l'ordre social de son temps. La foi s'était alors dégradée dans la religion. Mais d'elle-même la foi chrétienne mène à l'action à cause de l'impératif éthique qui l'habite et de l'espérance qu'elle véhicule.

C'est dans le va-et-vient incessant du cœur et des mains, de la prière et de l'action, du dehors et du dedans que se vérifie l'expérience chrétienne. Cette tension est dialectique et existentielle. Le Dieu expérimenté dans la prière et le Dieu rencontré en autrui est le même. Mais l'un sans l'autre devient vite une idole, c'est-à-dire une projection de soi, une substitution de ses propres fantasmes à la réalité de Dieu.

C'est ce parcours si difficile qui me semble propre à la foi chrétienne. Accueil de l'Autre, puis ouverture sur tous les autres, appel à la liberté, extase mais non fuite, intériorité sans trop de narcissisme. La foi aura constamment devant elle ses adversaires de toujours, l'athéisme d'un côté et la religion de l'autre. Elle fera toujours face au salut par les œuvres, avec ou sans Dieu, avec ou sans autres vies pour poursuivre le voyage. Et les catéchismes n'en finiront jamais d'essayer d'extraire une foi chimiquement pure de tous les amalgames rencontrés.

Cela importe peu, car l'aventure de la foi réside dans la rencontre. Et la rencontre, la vraie, est toujours devant soi et non pas derrière, au présent et au futur mais non pas au passé. Car de plus en plus le temps est venu de croire et de tenter l'aventure.

Envoi

La vie est une énigme. La vie est une question sans réponse : la réponse à la question de la vie, c'est de vivre. D'oser vivre, et si possible d'une manière responsable. Cette adhésion même à la vie révèle une confiance radicale dans la vie elle-même. La vie est une question aux réponses multiples. Les unes font appel à la foi. D'autres pas. Celles qui s'inscrivent dans la foi déploient et actualisent la confiance primordiale qui est l'acte d'assumer sa vie.

Par ailleurs, les réponses qui s'inscrivent dans une foi et une foi religieuse font diversement appel à la raison. Elles proposent un ou plusieurs sens à la vie, offrent des rites, suggèrent des façons de vivre. Elles se ramènent à quelques expressions simples, puis se déploient dans une multitude de formules et de symboles plus ou moins clairs, plus ou moins stimulants.

Dans le présent essai, j'ai essayé de redire l'essentiel d'un parcours chrétien de la foi. Nous croyons qu'il est arrivé à l'homme Jésus quelque chose d'inouï, de radical. Nous croyons que Jésus a donné sa vie jusqu'à la mort. Mais nous croyons que Jésus est le Vivant. Nous croyons qu'en Jésus Dieu se révèle et se livre d'une manière exceptionnelle.

Quand on s'inscrit dans une foi religieuse déterminée, il est très difficile de ne pas devenir catégorique et intransigeant, de ne pas considérer sa religion comme la vraie et toutes les autres comme fausses. Confesser une foi déterminée oblige-t-il à devenir sectaire ? Ou à l'inverse, rester ouvert à l'universel, est-ce devenir sceptique à l'égard de sa propre foi ? Dans le malaise de la foi catholique actuellement, il y a une grande part de cette difficulté. Nous avons honte d'avoir appartenu à un groupe souvent intégriste et nous sommes déchirés entre l'adhésion à une confession précise et l'appel à l'universel.

J'ai pour ma part la conviction que la foi en Jésus postule l'annonce de l'amour de Dieu pour tous les humains. Croire en Jésus, c'est porter cette bonne nouvelle. Mais ce n'est pas (ce ne devrait pas être, devrais-je dire, car il y a eu tant d'avatars historiques) condamner les autres et les rejeter hors du salut.

La foi est une aventure dont on ne sort pas indemne. Comme Jacob, on en sort avec une blessure, à la hanche ou au cœur, qu'importe. La foi est une rencontre avec l'absolu. Et chaque rencontre a une histoire. Malheureusement, peu de croyants et de croyantes semblent capables de nommer cette expérience. J'espère avoir offert quelques repères à des gens soucieux de nommer les cailloux de la rive et de tracer, pour eux-mêmes, leur itinéraire.

Bibliographie

Parmi l'immense littérature disponible, je ne retiens que quelques titres susceptibles d'aider le lecteur, la lectrice, à aller un peu plus loin.

BEAUCHAMP, André, *La foi à l'heure de l'Internet. Le temps des témoins*, Montréal, Fides, 2001. Une réflexion rapide sur le rapport entre la foi et la culture et sur l'ère nouvelle de témoignage inaugurée par la situation inusitée des croyants et croyantes d'aujourd'hui.

BEAUCHAMP, Paul, *Cinquante portraits bibliques*, Paris, Seuil, 2000. Un beau petit livre de portraits de croyants et de croyantes tels que les proposent les textes bibliques. Présentée par un exégète de bon calibre, cette galerie de portraits permet de comprendre de l'intérieur la dynamique de la foi.

Catéchisme de l'Église catholique, Ottawa, C.É.C.C., 1992. Rédigé par une Commission pontificale, cet immense catéchisme propose une réflexion considérable sur le contenu de la foi chrétienne. C'est très bien fait, bien enraciné dans la Bible et la tradition patristique. Plutôt conservateur, comme doit l'être un catéchisme.

GEFFRÉ, Claude, *Croire et interpréter*, Paris, Cerf, 2001. Un très beau livre critique sur l'herméneutique. Livre d'accès difficile.

GRAND'MAISON, Jacques, *Quand le jugement fout le camp. Essai sur la déculturation*, Montréal, Fides, 2000. Même si le livre ne porte pas sur le croire et sur la foi mais plutôt sur l'engagement social, il est tonifiant et stimulant. Le vieux lion qu'est Jacques Grand'Maison rugit toujours.

KÜNG, Hans, *Être chrétien*, Paris, Seuil, 1978 (1974). Un livre énorme, touffu, à l'allemande. Audacieux et fascinant. Pour lecteurs cultivés. Je n'ai malheureusement pu prendre connaissance du dernier livre de cet auteur, *Le christianisme : ce qu'il est et ce qu'il est devenu dans l'histoire*, Paris, Seuil, 1999. Les critiques en sont fort élogieuses.

PROVENCHER, Normand, *Dieu le vivant*, Montréal, Novalis, 1999. Dieu dans une perspective trinitaire. La section sur Jésus Christ est tout à fait remarquable.

RÉMOND, René, *Le christianisme en accusation*, Paris, Desclée de Brouwer, 2000. Sous forme d'entretien, la signification du christianisme et l'actualité de la foi.

SESBOUË, Bernard, *Croire. Invitation à la foi catholique pour les femmes et les hommes du XXIᵉ siècle*, Paris, Droguet et Ardant, 1999. Un livre plutôt savant sur le contenu de la foi chrétienne, mais aussi sur les démarches du croire. Se présente comme un commentaire du Credo.

Table des matières

Imprimé au Canada